■ 黄守宏 / 主编
HUANG SHOUHONG

2019 中国经济社会发展
形势与对策

坚持创新引领发展
加快培育壮大新动能

中国言实出版社

图书在版编目（CIP）数据

2019 中国经济社会发展形势与对策．坚持创新引领发展　加快培育壮大新动能 / 黄守宏主编．-- 北京：中国言实出版社，2020

ISBN 978-7-5171-3264-6

Ⅰ．①2… Ⅱ．①黄… Ⅲ．①中国经济—经济发展—调查研究—2019 ②社会发展—调查研究—中国—2019Ⅳ．①F124②D668

中国版本图书馆 CIP 数据核字（2019）第 246004 号

出 版 人　王昕朋
总 监 制　朱艳华
责任编辑　丰雪飞
责任校对　史会美
出版统筹　胡　明
责任印制　佟贵兆
封面设计　刘　云

出版发行　中国言实出版社

地　址：北京市朝阳区北苑路 180 号加利大厦 5 号楼 105 室
邮　编：100101
编辑部：北京市海淀区北太平庄路甲 1 号
邮　编：100088
电　话：64924853（总编室）　64924716（发行部）
网　址：www.zgyscbs.cn
E-mail：zgyscbs@263.net

经　销　新华书店
印　刷　北京中科印刷有限公司
版　次　2020 年 1 月第 1 版　2020 年 1 月第 1 次印刷
规　格　710 毫米 ×1000 毫米　1 / 16　14.5 印张
字　数　168 千字
定　价　58.00 元　ISBN 978-7-5171-3264-6

本书编委会

CONTENTS 目录

二、深入推进大众创业万众创新

学习习近平总书记
关于调查研究重要论述的几点体会

（代序）

黄 守 宏

重视调查研究是我们党的优良传统和政治本色，是革命、建设、改革取得胜利的重要法宝，也是各级干部做好各项工作的基本功。在调查研究方面，习近平总书记不仅是身体力行的实干家，更是善于总结、与时俱进的理论家。长期以来特别是党的十八大以来，习近平总书记身体力行、亲力亲为深入进行调查研究，为全党作出了表率，同时就调查研究作出了一系列重要论述，形成了科学系统的调查研究思想。习近平总书记关于调查研究重要论述，运用辩证唯物主义和历史唯物主义世界观和方法论，着眼世情、国情、党情的新变化，创造性地提出了一系列新思想新观点新论断，富于时代性、规律性和创新性，是马克思主义关于调查研究思想的丰富和发展，是习近平新时代中国特色社会主义思想的重要组成部分，是指引我们做好新时代调查研究的强大思想武器和行动指南。下面，我就学习领会习近平总书记关于调查研究重要论述，谈几点初步体会。

一、调查研究的重要性：谋事之基、成事之道

作为认识和了解社会的重要手段和方法，调查研究历来受到人们的重视。我国传统思想文化特别是传统哲学具有重经验、重现实的实用理性思维特征，历代思想家、政治家有不少调查研究的宝贵经验和深刻感悟。孔子周游列国、虚心好问，“入太庙，每事问”。墨子强调“得下之情则治，不得下之情则乱”“一目之视也，不若二目之视也；一耳之听也，不若二耳之听也”。王安石则“农夫女工无所不问”。管仲在《管子·问》中提出了国情调查要点，包括数量和质量的指标。孙武在《孙子》中主张调查“五事”，研究“七计”，从而做到“知彼知己，百战不殆”。商鞅提出“强国知十三数”思想，对全国的粮食、人口、官兵等数量进行调查，其中特别强调人口调查，他对西周时期的人口调查登记制度予以改进并在秦国实行。唐代刘晏为及时掌握各地商情动态，推动朝廷在各道设置巡院官，安排专人报告商情。明代张居正为解决当时国家的财政危机，上奏疏对财政收支

状况进行调查分析，根据“量入为出”原则实现财政平衡。

调查研究是马克思主义形成、发展的实践基础和根本路径，是马克思主义者认识世界的根本方法。马克思、恩格斯、列宁等为了适应无产阶级革命斗争的需要，亲自深入工人之中，掌握了大量的第一手资料，为他们的理论研究奠定了基础，从而使他们的理论成为工人阶级斗争的武器。为写作《资本论》，马克思研究过 1500 多部书籍和档案文件，并深入到工厂、农村进行考察，对资本主义国家的经济状况进行广泛的调查研究。“研究必须充分地占有材料，分析它的各种发展形式，探寻这些形式的内在联系。只有这项工作完成以后，现实的运动才能适当地叙述出来”，这是马克思、恩格斯对理论研究方法的概括。

我们党在长期革命、建设和改革开放实践中形成了调查研究的优良传统。一部中国共产党的历史，就是党在调查研究的基础上，把马克思主义基本原理同中国具体实际相结合，不断推进理论创新和实践创新的历史。党的领袖在调查研究方面为我们树立了光辉典范。毛泽东同志是我们党调查研究的开创者和开拓者，提出了“没有调查，就没有发言权”“调查就像‘十月怀胎’，解决问题就像‘一朝分娩’”等著名论断，其调查研究思想为毛泽东思想的形成和发展奠定了坚实的实践基础。邓小平同志强调“我们办事情，做工作，必须深入调查研究，联系本单位的实际解决问题”，他在作决策之前，都要问问数字、算算细账。江泽民同志提出了“没有调查就没有决策权”的重要论断。胡锦涛同志要求各级领导干部要坚持开展系统的调查研究，了解真实情况，掌握工作主动权。习近平总书记把调查研究置于党和国家发展全局的战略高度予以看待，强调“调查研究不仅是一种工作方法，而且是关系党和人民事业得失成败的大问题”，“调查研究是谋事之基、成事之道”。在党的十九届一中全会上，习近平总书记指出，“正确的决策离不开调查研究，正确的贯彻落实同样也离不开调查研究”，并要求全党大兴调查研究之风。“正确的贯彻落实同样也离不开调查研究”，这与“没有调查就没有发言权”“没有调查就没有决策权”两个论断一道，逻辑紧密地联系为一个整体，使党的调查研究理论全面涵盖了发言权、决策权、落实权的全部链条。长期以来，习近平总书记坚持眼睛向下、脚步向下，深入开展调查研究，“当县委书记一定要跑遍所有的村，当地（市）委书记一定要跑遍所有的乡镇，当省委书记一定要跑遍所有的县市区”。《习近平谈治国理政》一书中记载：在正定，他跑遍了所有村；在宁德，他到任 3 个月就走遍了 9 个县，后来又跑遍了绝大部分乡镇；到任浙江后，他用一年多时间跑遍了全省 90 个县市区；在上海仅 7 个月，他就跑遍了全市19个区县；到中央工作后，他的足迹遍及31个省区市。党的十八大以来，习近平总书记深入社区、乡村、企业、学校、军队，察民情、访民意、问良策。习近平新时代中国特色社会主义思想，正是他在不断深入实际调查研究基础上形成的，源于实践又指导实践。

二、调查研究的根本原则：坚持实事求是

实事求是是党的思想路线的实质和核心。实事求是的“求”就是调查研究。调查研究的目的是揭示事物的真相及其内在的规律和联系，客观、真实是调查研究的生命。习近平总书记指出：“调查研究必须坚持实事求是的原则，树立求真务实的作风，具有追求真理、修正错误的勇气。”“调查研究一定要从客观实际出发，不能带着事先定的调子下去，而要坚持结论产生在调查研究之后，建立在科学论证的基础上。对调查了解到的真实情况和各种问题，要坚持有一是一、有二是二，既报喜又报忧，不唯书、不唯上、只唯实。”但“有些干部，不是不了解情况，也不是看不到问题，而是不愿正视现实，不敢讲真话，报喜不报忧。这些现象都是违背实事求是原则的。在调查研究中能不能、敢不敢实事求是，不只是认识水平问题，而且是党性问题。只有公而忘私，把党和人民利益放在第一位，才能真正做到实事求是”。党的十八

大以来，正是由于始终坚持实事求是原则，敢于直面问题，勇于攻坚克难，我们党才带领人民把中国特色社会主义事业不断推向前进。这启示我们，要坚决反对“四风”特别是形式主义、官僚主义，始终坚持实事求是，不断提高调查研究的实效。

三、调查研究的科学内涵或要旨：把握好“六个过程”

习近平同志2004年4月在富阳市调研时的讲话中提出了调查研究的“五个过程”，2011年11月在中共中央党校秋季学期第二批入学学员开学典礼上的讲话中又提出“调查研究的过程是领导干部提高认识能力、判断能力和工作能力的过程”。这“六个过程”简明而深刻地概括了调查研究的重大意义、科学内涵和基本要求，丰富和发展了马克思主义关于调查研究的理论。

调查研究是一个了解情况的过程。习近平总书记指出：“通过深入基层、深入实际、深入群众，我们可以了解群众在想什么、盼什么，最需要我们党委、政府干什么。从而，使我们的各项决策和工作部署，集中民智，体现民意，反映民情，做实一件事，赢得万人心，真正做到情为民所系，利为民所谋，权为民所用。”他强调，要多层次、多方位、多渠道调查了解情况，“真正搞清楚本地区本部门本单位的实际情况，真正搞清楚影响改革发展稳定的突出问题，真正及时了解人民群众的所思所盼”。

调查研究是一个联系群众、为民办事的过程。习近平同志在刚刚当选总书记后的十八届中央政治局常委与中外记者见面时指出，人民是历史的创造者，群众是真正的英雄，人民群众是我们力量的源泉，强调“要以人民群众利益为重、以人民群众期盼为念，真诚倾听群众呼声，真实反映群众愿望，真情关心群众疾苦”。他认为重视调查研究就是重视人民的主体地位、尊重人民意志、学习群众智慧，把调查研究提升到“坚持以人民为中心的工作导向”的高度来看待。调查研究也是实现决策权力和人民权利相统一、党性和人民性相统一的重要手段。习近平总书记指出，只有通过从群众中来、到群众中去的调查研究，“真正保持党同人民群众的密切联系”，才能“代表最广大人民的根本利益”，实现决策的民主化。在《之江新语》一书中，习近平总书记写道：“在对重大问题进行决策之前，一定要有眼睛向下的决心和甘当小学生的精神，迈开步子，走出院子，去车间码头，到田间地头，进行实地调研，同真正明了实情的各方面人士沟通讨论，通过‘交换、比较、反复’，取得真实可信、扎实有效的调研成果，从而得到正确的结论。”他强调，调查研究要“身入”更要“心到”，“真心实意地交朋友、拉家常，通过面对面交流，直接了解基层干部群众的所想、所急、所盼”。“既要听群众的顺耳话，也要听群众的逆耳言，这样才能听到实话、察到实情、收到实效”。只有通过这样从群众中来、到群众中去的调查研究，才能使各项决策和工作部署集中民智、体现民意、反映民情。

调查研究是一个推动工作的过程。习近平总书记指出，“一项决策作出后，光靠从会议到会议、从文件到文件，是不行的，也是解决不了问题的”，必须“政策实施后要跟踪反馈，发现问题及时调整完善”，“让改革发展稳定各项任务落下去，让惠及百姓的各项工作实起来，推动党中央大政方针和决策部署在基层落地生根”。他要求各级领导干部通过深入调查研究，对真实情况了然于胸，使工作有抓手、破题有办法。

调查研究是一个自我学习提高的过程。调查研究本身就是向群众学习、向实践学习的过程，是提高认识能力、判断能力和工作能力的过程，是加强党性锻炼、强化理想信念宗旨的过程。习近平总书记指出，经常调研“非常有益于促进领导干部正确认识客观世界、改造主观世界、转变工作作风、增进同人民群众的感情，有益于深切了解群众的需求、愿望和创造精神、实践经验”。

调查研究是一个科学决策的过程。调查研究是科学决策的前提和基础。多年前，习近平总书记在地方工作时就深刻指出：“调查研究的过程就是科学决策的过程，千万省略不得、马虎不得。”当前改革进入攻坚期和深水区，经济结构转型升级处于关键期，社会诉求多元、利益关系复杂，多种矛盾和问题交织叠加。只有通过深入调查研究，才能摸清具体情况，把准改革、发展、稳定脉搏，发现症结点、抓住结合点。正如习近平总书记所讲："情况搞清楚了，就要坚持从实际出发谋划事业和工作，使想出来的点子、举措、方案符合实际情况，不好高骛远，不脱离实际。"

调查研究的过程是领导干部提高认识能力、判断能力和工作能力的过程。领导工作，说到底是一个"决策—落实"的过程；领导者的职责，概括地说，就是作决策与抓落实。作决策需要调查研究，抓落实同样也需要调查研究。领导干部不论阅历多么丰富，不论从事哪一方面工作，都应始终坚持和不断加强调查研究。习近平总书记指出："现在的交通通信手段越来越发达，获取信息的渠道越来越多，但都不能代替领导干部亲力亲为的调查研究。因为直接与基层干部群众接触，面对面地了解情况和商讨问题，对领导干部在认识上和感受上所起的作用和间接听汇报、看材料是不同的。"他强调，"各级领导干部特别是高级干部要围绕经济社会发展重大问题加强学习和调研，提高把握和运用市场经济规律、自然规律、社会发展规律能力，提高科学决策、民主决策能力，增强全球思维、战略思维能力，做到厚积薄发"。而"通过深入实际调查研究，把大量和零碎的材料经过去粗取精、去伪存真、由此及彼、由表及里的思考、分析、综合，加以系统化、条理化，透过纷繁复杂的现象抓住事物的本质，找出它的内在规律，由感性认识上升为理性认识，在此基础上作出正确的决策，这本身就是领导干部分析和解决问题本领的重要反映，也是领导干部思想理论水平和工作水平的重要反映”。我国是个农业大国，有几千年的农耕文明史，虽然随着工业化、城镇化的深入推进，农业比重和农村人口比例不断下降，但农业农村农民问题始终是关系国计民生的根本性问题。习近平总书记指出，“不了解农村，不了解贫困地区，不了解农民尤其是贫困农民，就不会真正了解中国，就不能真正懂得中国，更不可能治理好中国”，他强调“各级领导干部一定要多到农村去，多到贫困地区去，了解真实情况，带着深厚感情做好扶贫开发工作”。

四、调查研究的基本要求：念好“深、实、细、准、效”五字诀

2003 年 2 月，习近平同志在浙江省委理论学习中心组学习会上的讲话中指出，“在调查研究工作中，一定要保持求真务实的作风，努力在求深、求实、求细、求准、求效上下功夫”。“深、实、细、准、效”，短短五个字蕴含了深刻的哲理和方法论意义。

“深”，就是“到基层调查，要一下到底，亲自摸情况，直接听反映，寻求‘源头活水’”。只有深入群众，深入基层，到田间地头去听民声、察民情、解民忧，才能得到第一手资料。“实”，就是作风要实，轻车简从，真正做到听实话、摸实情、办实事。“细”，就是要认真听取各方面意见，掌握全面情况。“准”，就是调查研究必须具有现实针对性和可行性，“要在调查的基础上进行深入细致的研究，进行一番交换、比较、反复的工作，把零散的认识系统化，把粗浅的认识深刻化，直至找到事物的本质规律，找到解决问题的正确办法”。“效”，就是“调研形成的建议必须兼顾需要和可能”，“提出解决问题的办法要切实可行，制定的政策措施要有较强操作性，做到出实招，见实效”。“衡量调查研究搞得好不好，不是看调查研究的规模有多大、时间有多长，也不是光看调研报告写得怎么样，关键要看调查研究的实效，看调研成果的运用，看能不能把问题解决好”。

调研务求“深、实、细、准、效”，这既是确保调查研究不流于形式、不浮于表面的客观要求，同时也是我们立足新时代、开拓新局面、开辟新境界的前提条件。坚持“深、实、细、准、效”的调研要求，就是要求我们从正在做和将要做的实际工作出发，把情况摸清楚，把群众所思所盼摸清楚，坚决摒弃“蜻蜓点水”式调研、“钦差”式调研、“被调研”、“嫌贫爱富”式调研，真正拜人民为师、向人民学习，真正把功夫下到察实情、出实招、办实事、求实效上。

五、调查研究的选题方向：做到“四个紧扣”

选题是调查研究的起点，选题方向是否正确、切入点是否恰当，往往决定调查研究的成败。要正确选题，必须增强问题意识、坚持问题导向。习近平总书记指出，“问题是时代的声音”，“我们中国共产党人干革命、搞建设、抓改革，从来都是为了解决中国的现实问题”。当今中国经济社会正在发生历史性变革，需要研究的问题很多，怎么才能选准调研方向和切入点？习近平总书记指出，“调查研究要紧扣人民群众生产生活，紧扣经济社会发展实际，紧扣全面从严治党面临的现实问题，紧扣贯彻落实党的十九大精神需要解决的问题”。这“四个紧扣”为我们指明了调查研究选题的基本方向。具体来说，应围绕以下几个方面来选题：群众反映强烈的问题，改革发展和现代化建设中的重点和难点问题，社会上关注的热点问题，领导同志近期比较关心的问题，各方面争议比较大的问题，带苗头性、倾向性和趋势性的问题，重大部署、重大政策出台前各方面的反映、实施中应注意的问题以及出台后的落实情况等。以上这些，一般都是党和政府关注的重点，从中选择和确定调研的具体题目，就比较容易引起决策层的重视并予以采纳，收到比较好的效果。

六、调查研究的思想方法：用好唯物辩证法

辩证思维贯穿于习近平总书记治国理政方略之中。他在十八届三中全会第二次全体会议上强调："在推进改革中，要坚持正确的思想方法，坚持辩证法。"搞调查研究也应如此。当前国内外形势错综复杂，各种矛盾相互交织，新情况新问题层出不穷，调查研究需要强化辩证思维，善于辩证分析，避免陷入形而上学，防止孤立、静止、片面地看问题。

首先，要透过现象看本质。经济社会现象是复杂多变的，其表现形式是多种多样的，作为调研者不要为一时一地的表象所惑，要善于抓住本质真相，"找到事物的本质规律，找到解决问题的正确办法"。其次，要坚持一分为二地看问题。既要看到有利的一面，也要看到不利的一面，善于在"危"中看到"机"、在"困"中找到"路"、在"难"中找到"解"。第三，要善于抓主要矛盾和矛盾的主要方面。当前我国改革发展稳定面临的矛盾和问题很多，调研者要善于从林林总总的矛盾中找出主要矛盾和矛盾的主要方面，而不能"眉毛胡子一把抓"。

第四，要用联系的发展的眼光看问题。调研者应该具有开放的胸怀和宽广的眼界，在全面把握不同领域、区域、要素的普遍联系中把握问题的本质，在继承与创造的有机统一中提高调查研究的前瞻性。

还有一个至关重要的思想方法是坚持走群众路线。群众观点是马克思主义的一个基本观点，群众路线是党的生命线和根本工作路线。调查研究的目的是为了解决问题，说到底就是一切为了群众；调查研究的过程，概括起来就是从群众中来，到群众中去。“从群众中来”就是“将群众的意见（分散的无系统的意见）集中起来”；“到群众中去”就是将收集起来的各种意见建议，“经过研究，化为系统的意见”，制定出符合群众利益的路线、方针、政策，再回到群众中去，即把党的路线、方针、政策交给群众，使之转化为群众的行动。习近平总书记指出，“调查研究成果的质量如何，形成的意见正确与否，最终都要由人民群众的实践来检验”，并在群众行动中考验这些意见是否正确。问题产生在基层，解决问题的智慧和办法也在基层、在群众中。只有基层群众最了解实情、最知道应该怎么办。正如毛泽东同志所说：“凡是忧愁没有办法的时候，就去调查研究，一经调查研究，办法就出来了，问题就解决了。”他在《〈农村调查〉的序言和跋》中说，做调查研究“第一是眼睛向下，不要只是昂首望天。没有眼睛向下的兴趣和决心，是一辈子也不会真正懂得中国的事情的”。习近平总书记强调，“好的方针政策都应该来自人民、顺应人民的意愿、符合人民的所思所想”，“要拜人民为师、向人民学习，放下架子、扑下身子，接地气、通下情，深入开展调查研究，解剖麻雀，发现典型，真正把群众面临的问题发现出来，把群众的意见反映上来，把群众创造的经验总结出来”。

七、调查研究的工作方法：注重“三性”、新老结合

工作方法是否得当，直接关系到能否掌握实际情况。在这方面，习近平总书记教给我们一套行之有效的办法。习近平总书记指出，“我们党有着丰富的调查研究经验，在长期的实践中形成了许多行之有效的调查研究方法，如召开调查会、研讨会、走访调查、蹲点调查、典型调查、实地考察等，我们要在新时期加以继承和完善”。他强调：“要注重调查研究的广泛性，避免盲人摸象，以偏概全、以点代面，只见树木、不见森林；要注重调查研究的针对性，围绕中心、贴近实际，忙在点子上、谋到关键处；要注重调查研究的有效性，不仅要重调查，更要重分析研究，能够综合提炼、见微知著、管窥全豹。”

中国特色社会主义进入新时代，面临的国内外环境条件正在发生深刻变化，对调查研究工作提出了新要求。比如，我国互联网已渗透到经济社会发展的方方面面，网民数量大量增加。2016 年 4 月 19 日，在网络安全和信息化工作座谈会上，习近平总书记指出："网民来自老百姓，老百姓上了网，民意也就上了网。""对网上那些出于善意的批评，对互联网监督，不论是对党和政府工作提的还是对领导干部个人提的，不论是和风细雨的还是忠言逆耳的，我们不仅要欢迎，而且要认真研究和吸取。"要适应新形势新情况特别是当今社会信息网络化的特点，进一步拓展调研渠道、丰富调研手段、创新调研方式，学习、掌握和运用现代科学技术含量高的调研方法，如问卷调查、统计调查、抽样调查、专家调查、网络调查等，要根据调研任务和要求的不同，采用不同的调研方法，大胆创新，多管齐下，提高调研工作的效率和科学性。

八、对政策研究部门调研的特别要求：围绕中心、服务决策

作为各级党委和政府决策的参谋和助手，政策研究部门承担着调查研究的重要职责。要履行好这些职责，必须准确把握好定位。习近平总书记指出："一般的

调查研究，是为了了解基层的实情，增进同群众的感情，但政策研究部门要求要更高一点，不仅要重调查，更要重研究，我曾经说过‘关键是调查后要善于研究，抓点时要善于管窥全豹，跑面中要能够见微知著，综合提炼’。”他强调，要“贴近实际、贴近群众、贴近决策，忙在点子上，谋在关键处，做到有的放矢，事半功倍，富有成效”。“政策研究部门的同志就是要有抓住重点、找准典型的敏感性，发扬锲而不舍、刨根问底的钻研精神。同时，政策研究部门的调查研究，既不是纯粹的理论研究，也有别于具体的工作部署，而是一种理论与实践相结合的对策性应用研究，必须强调‘研以致用’。正所谓‘文可载道，以用为贵’。具体来说，调研的选题必须‘围绕中心工作’紧扣现实工作需要，出发点是为党委、政府工作提供所需的对策建议，落脚点是解决经济社会生活中的具体问题；调研的视野必须宽广开阔，既要预见潮流所在和大势所趋，又能看到‘风起于青萍之末’的苗头性、倾向性问题；调研的过程必须是去粗取精、去伪存真、由此及彼、由表及里的精心分析和研究的过程，要能够抓住事物的本质和症结所在，反映事物的全貌和特征，找到解决问题的有效办法和途径，切忌浮光掠影，主观臆断，孤立地、静止地、片面地观察事物、研究问题；调研形成的建议必须兼顾需要和可能，提出切实可行的具体措施。有些对策建议看似正确，却因难以实际操作，只能束之高阁”。

国务院研究室承担着综合性政策研究、决策咨询和《政府工作报告》等重要文稿起草任务，我们要认真学习领会习近平总书记关于调查研究重要论述特别是对政策研究部门提出的要求，紧紧围绕党和国家的中心工作，深入实际调查研究，全面正确履行好职责，以笔杆子报效党和人民。

（作者系国务院研究室党组书记、主任）

一、促进新旧动能接续转换

编者按：加快新旧动能转换，增强发展内生动力，是我国经济应对当前困难挑战、巩固稳中向好态势的迫切需要。最近，国务院研究室就促进新旧动能转换组织几个调研组，分赴上海、广东、山东、辽宁等地进行调研，并与有关行业协会、研究机构和重点企业座谈交流。在此基础上，形成系列调研报告。

发展壮大数字经济
增强经济创新力和竞争力
——促进新旧动能转换调研报告之一

张军立　刘若霞

近期，围绕加快数字经济发展、促进新旧动能转换，我们与有关企业和研究机构负责人进行了座谈交流，并了解了全国数字经济发展状况。主要情况如下。

一、数字经济成为全球增长新动能的特征趋势

数字经济以数据驱动、网络承载、平台支撑、普惠共享为特征，是继农业经济、工业经济之后新的经济形态。2008年国际金融危机后，全球经济增长持续低迷，数字经济异军突起，在国民经济中地位不断凸显，主要表现在以下几个方面。

*数字经济迎来增长爆发期。*当前，移动互联网、大数据、云计算、物联网、人工智能等新一代信息技术持续叠加创新，加速向各领域渗透应用。据估算，预计到2025年，全球数据总量将增

长10倍，云计算将取代80%的传统数据中心，全球物联网连接设备数量将达500亿个，物联网市场规模达到10万亿美元，人工智能对全球经济增长贡献堪比蒸汽机等技术。

数字经济企业市值快速增长。随着新技术、新应用深入发展，一批工业经济时代的领军企业市值被信息技术企业赶超。2017年，全球市值最高的10家公司中7家与数字经济相关。截至2018年9月5日，数字经济领域10大公司市值高达5.4万亿美元，较年初增加了20%，传统领域10大公司市值仅为2.9万亿美元，较年初下降了2.8%。

平台成为数字经济新型孵化器。平台是数字经济赋能中心，孵化大量上下游企业，加速产业发展生态构建。安卓操作系统开发团队仅400人，却建立了服务全球20亿用户的移动生态系统，重构了全球智能终端产业，一些传统手机制造商被基于安卓操作系统的公司取代。

数字经济跨界融合创新持续加码。2017年，某跨国公司在人工智能、云计算、计算机视觉、智能音箱等领域投资高达226亿美元，研发金额居全球首位，加快由电商企业向云计算和人工智能转型。跨界融合创新使产品服务边界、产业边界越来越模糊，例如，智能音箱不仅是智能终端产品，还是智能家居新的产业生态入口，因此引发诸多云服务厂商激烈竞争。

数字经济不断向生产前端延伸渗透。新一代信息技术正在加速向制造业领域延伸，基于平台的生态竞争正在向传统制造业拓展。一些全球领先的制造企业围绕“智能机器+云平台+工业APP”功能架构，整合“平台提供商+应用开发者+用户”生态资源，推动供应链、生产链、价值链的重塑再造，推动工业生态体系的重构迭代和全面升级。

二、数字经济快速发展为我国新旧动能转换带来重大机遇

我国数字经济发展规模处于全球第一梯队。2017年，我国电子商务交易额达29.2万亿元，占全球比重约为40%，是美国的2.5倍。移动支付市场规模达99万亿元，是美国的60倍。快递物流达401亿件，占全球比重超过40%，是美国的2.5倍。我国已成为全球第一电子商务大国、第一移动支付大国、第一智慧物流大国。

我国成长起来一批数字经济全球巨头企业。2017年全球市值最高的十大企业中，有2家中国互联网企业。2018年最新全球排名前20的互联网企业中，美国企业占12个，我国企业达到8个。

我国第一大应用市场优势加速技术迭代创新。数据是数字经济关键生产要素。我国巨大市场空间、丰富应用场景、海量数据汇聚成为信息技术应用和迭代创新的天然优势。例如，我国8亿网民使用同一种语言、同样的文化，实时产生海量数据供机器深度学习、人机交互等技术迭代。

我国第一制造大国地位成为数字经济肥沃土壤。近年来，我国主动适应制造业数字化转型趋势，支持工业互联网创新应用，在钢铁、航空航天、机械、汽车、电子、家电等多个领域进行了探索，一些互联网企业和制造业企业纷纷加快工业互联网布局。我国既是制造大国，也是网络大国，制造业将成为数字经济的主战场。

三、我国数字经济发展老问题和新挑战并存

数字经济时代新技术、新模式、新业态大量涌现、群体迭代、爆发增长，难免对传统观念和利益格局有所冲击，现有短板制约愈加凸显，数字经济制度安排和政策体系构建面临新挑战。

在数字化改造和标准化方面，各领域发展水平参差不齐。目前，我国制造业两化融合水平还不高，区域间、企业间差距较大，大量工业企业设备数字化率和联网率较低。在面向消费者的城市配送物流领域，智慧物流发展成效显著，但在占物流总规模90%以上的工业品物流仍大量应用传统模式。物品编码、装备、运载器具、作业、流程等供应链关键要素标准化程度不高，数据制式、接口、传输、交易等标准不一，不同企业、不同行业之间缺乏有效衔接。无人机、冷链运输、智能仓储等新领域行业标准建设滞后。

在鼓励创新和加强监管方面，政策体系面临诸多新挑战。一是政策滞后。我国首个无人车上路测试指导意见2017年底在北京出台，比美国晚了6年。目前对于无人配送机器人属于机动车还是非机动车尚没有界定。对平台汇聚的大量数据也缺乏确权、存储、交易等界定。二是配套不全。现有规划大都欠缺对数字经济基础设施等方面的考虑，新规旧制配套衔接不畅，且相关政策往往涉及多个部门，协调成本较高。例如，政务数据、公共数据等资源分散，可查可用门槛和共享标准不一，企业利用数据资源存在较大阻碍。三是缺乏创新。据企业反映，电商平台发展初期大量入驻的小商家为自然人，为规范秩序要求补全工商登记手续，但也忽视了平台对商家经营数据的掌握，采取“一刀切”的处理方式，可能对平台商家造成较大影响。此外，税收政策、统计体系等也有待调整以适应数字经济发展需要。

四、几点建议

一要营造数字经济发展宽松政策环境。数字经济发展过程中会不断遇到与现有产业体系和有关政策法规相冲突的新问题新挑战。有关部门要按照鼓励创新、包容审慎的原则，加强沟通协调，及时梳理阻碍创新的政策堵点和缺项。针对无人驾驶汽车、无人送货飞机、无人配送机器人等新技术加强预研预判和政策储备，抓紧研究路测、路权、空域管理等政策，推动商业化应用。加强智慧物流基础设施与城市、交通等规划衔接。研究探索数字经济统计监测体系、中小企业综合税率等政策措施。鼓励平台企业与相关部门联合研究运用大数据等技术手段创新监管模式，提升管理服务水平。

二要加快数据资源采集整合和共享利用。支持零售、物流、制造业等传统领域数字化改造升级，以数据驱动创新发展。统筹政府、社会、互联网等数据资源，加强数据挖掘分析和融合利用。加快推进政府数据资源共享共用，有序推进公共数据资源向社会开放。制定数据资产登记、定价、交易和知识产权保护等制度，建立数据开放、产权保护、隐私保护相关政策法规体系。

三要引导国有大型企业平台化发展。平台的数量、体量、效率对新旧动能转换产生重要影响。越来越多的大企业从生产者、交付者转变为连接整合资源的平台，开放关系接口，串联外部资源，实现产业上下游企业整体价值提升。鼓励引导国有大型企业开放创新资源和服务能力，加快布局具有国际竞争力的平台，促进大中小企业创新创业、融通融合发展，抢占数字经济生态入口和主导权。

四要加强数字经济技术研发和应用示范。加快数字经济领域基础研究、底层技术研发，激发企业创新内在动力，加快突破瓶颈制约。支持应用创新、模式创新，推动传统领域与数字经济融合应用，以大规模应用加速技术迭代。

五要加快数字经济标准体系建设。加快数据标准化建设，推动数据制式、接口、传输协议等标准对接，实现多源异构数据的采集存储和处理分析。推动无人机、无人仓、无人驾驶汽车、工业互联网等新业态行业标准研制，推动行业间标准兼容。加强国际交流合作，提高我国数字经济领域标准制定国际话语权。

强软件产业之基 铸数字经济之魂

——促进新旧动能转换调研报告之二

刘岩霞

软件是新一代信息技术的“灵魂”，正从单机向网络延伸，由终端向平台拓展，成为数字经济基础设施的核心组成。软件产业提质升级是推动新旧动能转换、构筑竞争新优势的迫切需要。

一、软件产业是数字经济发展新引擎

近年来，我国软件产业持续高速增长，是创新创业最为活跃的领域之一，极大释放了“互联网+”蕴含的新动能，有力推动了传统产业效率和价值提升。

一是产业规模持续壮大。2000—2017年，我国软件产业规模从560亿元左右，增长至5.5万亿，占电子信息产业的比重从5.7%左右上升到接近30%，软件企业从不到5000家发展至3.5万家，从业人员从不到30万人增加至超过600万人。2017年，我国软件和信息技术服务业税收贡献2250亿元，较上年增长35.5%，高于全国税收增速4倍多。2018年1—7月，在经济增速下行压力较大的情况下，

软件业务收入同比增长14.8%，增速同比提高1.3个百分点，高于GDP增速2倍多。

二是创新创业高度活跃。2017年，软件著作权登记量突破70万件，比上年增长83%，行业重点企业研发投入与国际水平差距有所缩小。微服务、小程序等新技术架构和开发框架，逐步构建起更低开发成本、更快应用部署、更易维护升级、更加灵活开放的软件生态，成为创新创业新风口。自2017年微信小程序推出以来，小程序数量超过100万，带动就业超过100万，累计用户超过4.5亿，涉及餐饮、零售、旅游、教育等诸多生活应用场景，是大众创业、万众创新新型网络平台。

三是产业形态推陈出新。软件产业从“以产品为中心”向“以服务为中心”跃升，支撑云计算、大数据、人工智能等新技术、新产业、新业态、新模式加快成长。2017年，基于在线服务、云服务、平台服务的软件收入超过8000亿元。2018年1—7月，信息技术服务增势突出，运营相关服务收入增长25%，电子商务平台技术服务收入增长17%。应用商店模式爆发增长，据监测，移动应用程序已超过400万款，而2010年尚不足20万款。

四是带动传统动能提质增效。通过资源虚拟化和管理任务可编程化，软件对传统动能“赋能”“赋值”“赋智”作用不断显现，加速制造业数字化、网络化、智能化转型。越来越多的制造业企业重视软件开发和利用，某制造企业加快向“硬件+软件+服务+内容”模式转型，在工信部发布的2017年国内软件百强企业榜单上排在前列。还有一家制造企业孵化出云服务商，在软件开发上已具备智能制造套件提供能力，自主研发的计划采购管理系统提升排产效率83%。

二、软件发展环境亟待优化

一是软件企业税收负担仍然偏重。主要有以下三方面原因：（1）“营改增”后，占软件企业成本大头的人员工资无法进行进项税抵扣，导致部分企业税负加重。2016年、2017年软件产业业务收入增速分别为14.9%和13.9%，而税收增速为37%、36%。（2）软件企业和软件产品认定制度已于2015年作为非行政许可审批事项被取消，改为企业自主申报、监管部门事后核查。但“双软认定”是一项专业化和技术性较强的工作，企业申报和税务部门核查难度较大，影响了惠税政策实施效果。（3）软件企业所得税“两免三减半”优惠政策2017年12月31日已经到期，但延续政策尚未出台。企业还反映，目前软件服务增值税率为6%，软件产品增值税率实际为3%（软件产品增值税率为16%，按照优惠政策超过3%的部分即征即退），然而软件产业向服务化方向发展，产品和服务边界较难区分，税率不同增加了涉税风险。

二是软件价值严重失衡。目前，我国“重硬轻软”“软件是硬件附属品”的观念认识没有根本扭转。软件作为无形资产，缺乏成本估算、造价标准和定价机制，预算审批、项目管理、运维费用等基本无据可依，软件市场价值得不到充分体现。企业反映，招标预算人员工资定价标准与实际支出差距较大，0元中标、1元中标现象屡见不鲜，损害市场竞争秩序，阻碍软件企业发展壮大。全球百强软件企业我国仅东软集团1家上榜。

三、人才供需矛盾突出

软件是知识和技术高度密集型产业，其发展的关键在人才。据有关部门估算，2017年我国软件人才缺口达到705万，并有持续扩大趋势，结构性问题突出，领军型人才、高技能人才急缺，软件已超过金融成为平均收入最高的就业领域。美国、英国、韩国等高度重视软件教育，已将软件编程纳入中小学必修课程。然而，我国软件人才培养缺乏顶层设计，政策滞后，基础教育缺失，高等院校课程设置陈旧、工程实训缺乏、产教脱节严重，开源社区等人才培养生态尚未形成，人才引进等配套政策还很不完善。

四、几点建议

当前，软件发展的技术周期、产业周期与我国新旧动能转换关键期交汇，应抓紧制定国家层面顶层设计，一方面补齐短板，增强基础软件、工业软件、嵌入式软件供给能力；一方面超前部署，抢抓云计算、大数据、人工智能等新兴领域软件产业布局，推动软件产业高质量发展。

一要制定实施精准税收优惠政策。抓紧出台现有税收优惠政策到期后的延续方案，重点面向基础软件、工业软件等突出短板领域的软件企业定向降税，制定符合软件企业服务化转型的产品和服务增值税优惠政策。

二要加快布局新型软件平台和重点行业应用。培育龙头企业和产业集群，重点布局一批云计算、大数据等基础带动性强、市场关注度高、应用需求大的新型软件平台。整合力量联合建设开源社区，系统布局开源技术。面向制造业转型升级需求，大力发展工业软件，支持工业技术软件化，构建工业互联网平台应用生态。

三要强化软件产业行业管理和公共服务。加强知识产权保护，推动开展软件正版审查工作，加大互联网盗版软件打击力度，规范软件产业市场环境。加快公共服务平台建设，加强产品质量测试和企业能力评估，构建广覆盖、高效率的运维保障体系。参照国际惯例，建立软件产品和服务价值评估指标体系，完善重大项目软件招标采购标准，避免低价竞标、恶性竞争。

四要大力培育符合产业发展需求的软件人才。将软件编程纳入中小学必修课程，明确软件基础教育的目标、任务和内容，夯实软件人才培养基础。引导高校开设云计算、大数据等软件专业新课程，与企业联合建设实训基地，促进产教融合。面向市场需求，大力开展软件编程技能培训，支持软件职业教育发展。加强党政干部软件知识普及，组织软件编程大赛等创新创业活动，营造重视软件能力素养的良好社会氛围。加强国际交流合作，鼓励有条件的企业设立海外软件研发机构，在全球范围配置高层次软件人才。

大力利用互联网新技术对传统产业进行全面升级改造

——促进新旧动能转换调研报告之三

张军立

互联网作为20世纪最伟大的发明之一，正由消费领域到生产领域、由虚拟空间到物理实体、由人人互联到万物互联不断扩展，带来生产力又一次大的飞跃，为传统产业实现质量变革、效率变革和动力变革提供了重要途径。我国应抓住这一重大机遇，统筹谋划、科学组织，加快利用互联网新技术对传统产业进行全方位、全角度、全链条的改造。

一、利用互联网新技术改造提升传统产业，可以焕发巨大的生机活力

当前，互联网正加速迈入高速化、泛在化、智能化、融合化的新阶段，驱动着新一轮产业革命蓬勃发展，其一个核心内容就是传统产业的数字化、网络化、智能化升级。主要发达国家都将

互联网与传统产业的融合作为实现“再工业化”发展先进制造的重要一环。美国发起的工业互联网，覆盖制造、能源、医疗器械等传统领域。德国工业4.0战略，核心目标是实现基于全面连接的智能工厂和智能生产。日本2018年明确提出发展“互联工业”，打造新型工业社会。一些工业巨头纷纷将飞机、汽车、能源、电力等传统优势领域与互联网新技术结合，进行数字化、智能化布局，拓展价值新空间，抢占未来主导权。

近年来，我国通过开展“互联网+”行动、实施智能制造工程、启动工业互联网创新发展工程等一系列重要举措，不断深化互联网在航空航天、钢铁、石化、机械、汽车、电子等各传统产业中的融合应用，对新旧动能转换的拉动作用日益显现。

一是推动了企业生产与管理优化。企业依托互联网打通设备、生产线和运营系统，获取数据，实现生产的提质增效以及企业管理决策优化。如某制造企业利用互联网技术实现产品全生命周期信息管理、零部件库存可视化管理、备件信息管理，库存周转率提高18%，资源利用率提高15%。

二是推动生产资源协同优化。企业利用互联网与外部用户需求、创新资源、生产能力进行全面对接，推动设计、制造、供应和服务环节的并行组织和协同优化。如某企业建立网络化协同研发平台，通过国内跨地区协同研发和制造，使产品研制周期缩短20%，生产效率提高30%，制造成本下降20%，能源消耗降低10%，制造质量问题发生率降低25%。

三是推动产品服务化延伸。企业通过互联网打造产品全生命周期闭环，在设计环节实现可制造性预测，在使用环节实现健康管理，在运维环节实现设备故障的提前预警、远程维护等设备健康管理服务。如一家企业对在役的15000多台风力发电机进行实时监控，故障预警准确率超过90%。

四是推动个性化定制等新业态发展。在家电、服装、家具等行业，个性化定制成效显现，一批企业建立个性化智能平台，获取分析海量客户数据，实现自主设计、自动排产，大幅降低设计成本和库存，提高盈利能力。有关部门近期一项调查也显示，运用互联网新技术进行改造后，93%的企业利润得到提升，近30%的企业提升幅度超过10%。

当前，我国正处于推进制造强国建设、实现产业中高端迈进的关键期，全球技术产业竞争日趋激烈。在此背景下，利用互联网新技术对传统产业进行改造提升，对提高全要素生产率、促进新旧动能转换，实现经济高质量发展具有重大意义。

二、互联网与传统产业深度融合面临不少困难和制约

总体看，互联网与传统产业的融合深度和产出成效仍然不够充分，达到两化融合集成提升阶段的制造企业不足20%。与此同时，区域间、行业间、企业间不平衡现象仍然突出，如东北、西部老工业基地融合应用水平明显低于东中部。困难和制约主要来自四方面：

（一）国内技术供给不足。芯片、操作系统、数控机床、工业软件、控制系统、传感器等关键整机、系统、部件普遍难以满足中高端市场需求。传统产业数字化、网络化改造过程中，采集、传输、计算、分析、反馈等各环节均对国外不同厂家高度依赖，致使各类数据孤岛受制于标准、协议差异难以有效互联互通，更导致数据安全、网络安全、产业安全隐患突出。

（二）融合应用壁垒逐渐凸显。一方面，客观基础薄弱是现实难题。大部分传统企业信息化底子薄，管理落后，改造难度

大，而企业盈利能力不足加上商业模式不清晰使其难以承担或不愿承担改造所伴生的风险。另一方面，主观认识偏颇也不容忽视。在产业界、学术界甚至政府中，两种极端认识较为普遍，都不利于产业实践。一种过于保守，对互联网新技术认识不深、准备不足；另一种急于求成，将生产性互联网与消费性互联网简单画等号，照搬后者发展思路和模式，对传统产业行业特点、技术成熟的周期规律和技术运用的刚性约束认识不到位。

（三）要素资源保障聚焦不够。互联网与传统产业深度融合投入大、周期长、见效慢，社会资本偏好“挣快钱”“挣大钱”，投资意愿不强烈；企业成本负担大，融资难融资贵未得到根本改变。我国制造业研发投入强度仅为1%，远低于一些发达国家3%—4%的水平。以工业互联网平台为例，我国投入较大的某企业8年累计研发投入不足某跨国公司一年的1/6。此外，应用研究与产业需求脱节，科技成果转化率不高，人力资源特别是高端人才、复合人才缺乏。

（四）产业生态构建能力不足。我国缺乏具备综合解决方案和全领域覆盖能力的产业龙头，也缺少细分领域专精特的科技型中小企业；同时企业间抱团不足，崇尚赢者通吃，没有形成类似一些发达国家产业界那样以大带小、以小托大的共赢生态。特别是，我国产业界能从市场买就不自主研发、能做整机集成就不做核心零部件的思想仍比较普遍，制约了自主产品应用生态的良性循环。

三、有关政策建议

利用互联网新技术，对传统产业进行全面改造重要而紧迫。建议把这项工作上升到战略高度予以推进，顶层设计，统筹规划，政府和市场两只手协同发力，有效调动起市场、科研、产业、人力资源、财税金融各方力量，分期分批、有重点有针对性地持续滚动推进。

（一）实施改造专项行动。建议引导企业开展“利用互联网新技术对传统产业进行全方位、全角度、全链条的改造”专项行动。统筹衔接好工业互联网、智能制造和双创等相关工作，实现工厂能力升级、产业生态重塑、人的素质提升协同并进。

（二）加强财政资金引导。加强工业转型升级资金与其他渠道资金的协同，发挥先进制造业基金等政府投资基金作用，积极引导社会资本加大投入力度。同时，鼓励政策性银行、商业银行推出相应的信贷产品和服务，加大对改造的信贷支持。

（三）完善技术供给体系。改造传统产业，需要强大的先进适用的互联网新技术作为支撑。一要尽快梳理制约传统产业数字化、智能化升级的重大短板和关键技术，研究制定路线图和时间表，在加大投入的同时，更要做好重大科技项目、国家重点研发计划等科研工作与产业化的有效衔接，可在重点领域加快打造一批工程化中试性质的制造业创新中心，加快成果转化。二要培育壮大一批互联网改造传统产业解决方案提供商和平台服务提供商，支持有条件的企业开展系统解决方案业务剥离重组，提供专业化、精准化服务，建设完善满足行业需要的通用、专用型产业互联网平台。

（四）加快应用示范牵引。这是拉动技术进步、产业发展和自主能力提升的关键。要加强示范工程引导，对可大范围推广的成熟应用，树立示范工程，形成可复制、可移植的模式和方案。

（五）完善保障措施。落实好减税降费相关政策，通过政府采购、财政奖补、融资担保等，加大对企业利用互联网新技术进行融合创新的支持力度。建议统计局等部门牵头建立互联网新技术与传统产业融合发展的监测评估机制，制定反映融合发展规模和质量的系列指标，为制定政策提供参考。对融合发展涉及的网络安全、平台责任、数据保护等关键问题，加快研究制定相关法律法规。

加快发展工业互联网
推动生产方式组织模式变革

——促进新旧动能转换调研报告之四

张军立　刘若霞

工业互联网是继互联网、移动互联网之后的“第三张网”，极大扩展了网络空间和连接边界，引发创新模式、生产方式、组织形式和商业范式深刻变革。工业互联网的孕育兴起，与我国经济发展转型升级不期而遇，为推动新旧动能转换提供了重要抓手。

一、工业互联网是促进新旧动能转换的基础支撑

工业互联网是新一代信息技术在工业全要素、全流程、全产业链中的融合集成应用，有力推动工业生态体系整合重构和迭代升级，在加速实体经济和数字经济深度融合、推动高质量发展中具有关键作用。

一是优化存量，推动传统产业转型升级。通过工厂内外网络将人、机、物全面互联，实现多元化数据的广泛汇聚与深度挖

掘，促进工业数据融合集成应用，重构传统工业生产制造和管理服务体系，推动资源在更大范围、更高效率、更加精准的优化配置，支撑服务供给侧结构性改革，全面提升工业经济发展的质量和效益。某跨国公司预测工业互联网将使工业企业效率提高20%、成本将下降20%、能耗下降10%。

二是做大增量，支撑先进制造业发展壮大。通过工业互联网跨设备、跨系统、跨厂区、跨地区的全面互联互通，实现工业生产的资源优化、协同制造和服务延伸，催生大规模个性定制、网络协同制造、服务型制造、智能化生产等新模式，促进平台经济、共享经济、定制经济等新业态发展。某国际咨询公司研究报告预测，2020年，全球工业互联网投入规模将达到5000亿美元，到2030年工业互联网将为全球GDP贡献15万亿美元。

三是促进融合，加快大中小企业融通发展。工业互联网可以与交通、物流、能源、医疗、农业等实体经济各领域深度融合，扩展为数字化、网络化、智能化升级的基础设施。依托工业互联网平台支撑服务大众创业、万众创新，促进产业由封闭、孤立、多层级组织向开放、协同、扁平化组织转变，推动大中小企业跨界融通发展。

近年来，在各方面的共同推进下，我国工业互联网应用创新活跃，在钢铁、航空航天、机械、汽车、电子、家电等多个行业，在生产制造、运营管理、仓储物流、产品服务等不同环节，涌现出一批典型的工业互联网应用案例。比如，有的平台开展智能协同生产，接入设备超过5万台；有的平台提供面向设备运维管理的解决方案和服务，已经实现约30万台设备的远程接入和5000多种运行参数的实时采集；有的平台聚合3.2亿用户、390多万家企业和全球280多万设计资源，实现规模化个性定制模式的快速赋能；有的平台打造具备设备联网、可视化编程、企业管理优化等功能的赋能平台，服务企业用户超过50万；有的平台通过实时生产数据的分析和反馈以实现提质增效，铁水质量稳定性提升20%，单座高炉每年节省成本2400万元，减少碳排量2万吨；还有的平台面向电子装备制造企业提供运营服务，生产效率提升50%，定制产品交付周期缩短到8周以内。

二、我国工业互联网发展面临多重困难

调研发现，我国工业互联网发展仍处于起步阶段，存在网络承载能力较差、高端产品和服务供给不足、融合应用推广程度不够、带动经济转型升级的效果有待加强等突出问题。

一是数据采集基础弱。多源异构数据的可采集、可交互、可传输是我国工业互联网发展的瓶颈制约。一方面，我国制造业发展水平参差不齐。2017年我国企业设备数字化率不到45%，数字化设备联网率仅为39%。大量企业工业设备需要通过加装传感器、通信模块、控制部件等实现设备联网和数据连接。另一方面，我国工厂内外网建设滞后，标准协议兼容转换难度较大，主流的40多种现场总线协议、30余种工业以太网协议我国占比极低，标识解析体系也欠缺自主知识产权的相关标准，影响工业数据采集类型、数量、时效和精度。

二是平台构建难度大。工业企业设备和系统“上云率”较低，以工业APP承载、沉淀、传播、复用工业共性技术尚处于起步阶段。据工业互联网产业联盟对我国56家工业互联网平台技术供应商的评估发现，68%的企业机理模型和54%的企业工业APP数量均低于20个。此外，开源社区建设、工业APP开发者队伍聚集都需要一个过程，工业互联网平台生态短期难以构建。

三是安全保障挑战大。工业互联网安全涉及工业控制系统安全、信息通信安全、工业大数据安全等多个方面，线上线下安全风险交织、叠加放大，安全态势更为复杂。我国在工厂内外网传输、云计算等平台底层架构、工业控制系统、数据库等领域存在较大安全风险和漏洞。

四是发展环境待完善。工业互联网是互联网向生产领域的延伸，涉及工业技术、信息技术、通信技术等领域纵向、横向融合创新。但现有监管治理、配套保障等还不能很好适应工业互联网发展过程中出现的新问题、新风险。

三、几点建议

一要加强统筹谋划布局。发展工业互联网是一项系统工程，涉及面广、任务艰巨。要加强国家层面和地方层面政策衔接，鼓励地方立足区域特色优势错位发展，避免一哄而上和低水平同质竞争。探索“边发展边治理”的新路子，不断完善监管治理新机制，及早发现解决工业互联网发展过程中出现的新问题新风险，有效应对跨境工业数据流动、平台主体权责界定、知识产权保护等新挑战。

二要加快产业创新发展。加强网络、平台、安全三大体系基础技术的核心算法和理论攻关。加大支持传感器、工业软件、工业控制系统、芯片、高频器件、人工智能等关键技术和核心设备研发及产业化，加快补齐产业发展突出短板。大力发展一批工业互联网系统解决方案提供商，提升工业互联网一体化解决方案能力。

三要推动融合应用推广。推动物联网、云计算、大数据、工业互联网融合创新，探索应用新场景、新模式、新业态。加大对中小企业自动化、数字化、智能化技术改造，加快工业设备“上云”和工业APP培育步伐，以需求为牵引推动工业共性技术沉淀传播和复用推广。探索创新工业互联网平台运营和盈利模式，加快形成“造血功能”。在航空航天、信息电子、石化、汽车等重点领域开展试点示范，促进工业互联网应用推广和产业发展集中集聚，逐步积累工业互联网融合应用面上经验。

四要强化安全保障能力。工业互联网安全关乎生产安全、产业安全、经济安全和国家安全，一旦发生安全事件可能带来严重后果，必须在建设之初高度重视安全问题。加快建立涵盖设备安全、控制安全、网络安全、平台安全和数据安全的多层次安全保障体系。重点加强对公共安全影响较大的关键基础设施和重要领域安全防护。研究制定工业数据资源确权、开放、流通、交易相关制度，防范数据安全风险，确保安全与发展同步。

突破高端装备瓶颈制约
推动装备制造业升级发展

——促进新旧动能转换调研报告之五

李钊

高端装备处于制造产业链、价值链、创新链的顶端，是装备制造业乃至国家工业化水平的重要标志，是我国重点支持的战略性新兴产业之一。近年来我国高端装备取得重大进展，但80%的集成电路芯片制造设备、70%的汽车制造关键设备、40%的产业发展总体水平不高，成为制约传统产业改造提升、新兴产业发展壮大的突出短板，是新旧动能转换亟待突破的关键瓶颈。

一、高端装备是新动能成长的重要支撑

经过多年发展，我国装备制造业形成了较为完整的产业体系，规模连续7年居世界首位，但主要集中在中低端，高端领域供给缺口巨大。2017年我国机电产品进口8300多亿美元，其中设备进口2300多亿美元，大部分都是产业转型升级必需的高端专用装备。

随着传统产业转型升级加快推进，以及新能源、新材料、生物医药、节能环保和物联网等新兴产业迅猛发展，我国高端装备市场需求快速增长。据统计，2017年我国高端装备制造业销售收入超过9万亿元，在装备制造业中的占比提高到15%，复合增长率达到32.3%，以此推算，未来五年高端装备制造业销售收入将超过20万亿元，在装备制造业中的占比将提高到25%，发展前景十分广阔。

加快突破高端装备瓶颈，不仅具有重大的经济及战略意义，对提升产业链整体实力、带动关联产业新动能成长也具有关键性作用。比如，大型客机的研制可以带动新材料、现代制造业、先进动力、电子信息、自动控制、计算机等多个领域关键技术突破，并进一步通过专利扩散作用，拉动众多高科技行业实现跨越式发展。

二、当前高端装备制造面临的主要障碍

一是持续性研发投入不足。高端装备攻关投入大、研制周期长、市场风险高，特别是工程化投入巨大（有的甚至达到研发费用的3—8倍）。缺乏有力的扶持措施，企业和市场化资本往往不敢投、不愿投，导致炒作概念的多、真金白银投入的少。

二是基础材料与关键零部件短板突出。高端装备所需材料不少处于完全空白状态，高档工程机械液压件和发动机几乎完全依赖进口、数控机床和机器人配套的高档数控系统高级依赖进口，导致一些主机、整机及成套设备“缺芯少核”，甚至部分整机制造企业沦为“组装车间”。

三是基础工艺水平存在差距。我国机械工业部分行业长期“重型号、轻工艺”“重产品、轻工艺”，基础工艺水平难以满足高端装备发展需要。

四是研发与应用之间脱节。我国高端装备制造属于后发追赶，短期内在技术性能、可靠性和稳定性等方面难以全面超过国际先进水平，又往往价值极高、对企业生产经营影响极大，用户对国产装备信心不足，因而不敢用、不愿用。很多企业也不愿当“试验田”，导致“创新—使用—改进—再创新”的良性循环难以形成。

五是高端技术服务体系不完善。高端技术服务是高端装备制造的必要配套。以高端数控机床为例，需要高档主机、数控系统、编程系统和制造工艺的结合，才能发挥高性能机床的优势，我们在这方面差距十分明显。

此外，高层次专业人才不足也严重影响我国高端装备产业发展。

三、支持高端装备制造发展的有关建议

当前我国高端装备制造处于重要发展机遇期，应坚持政府引导与市场机制相结合、自主创新与开放合作相结合、重点突破与夯实基础相结合原则，实现一批重大装备工程化、产业化应用，满足产业转型升级和经济高质量发展需求，辐射、带动相关产业新动能快速成长。

一是推动重点领域突破。加大高端装备创新工程组织实施力度，提高大型飞机、民用航天、先进轨道交通装备、核电装备、海洋工程装备及高技术船舶产业化能力。进一步提升节能与新能源汽车、智能电网成套设备、先进农机装备关键性能指标，实现规模化应用。突破航空发动机和燃气轮机、高档数控机床、高性能医疗器械关键核心技术，大幅提升国产化程度。推动专用装备产业加快发展，加快补上装备短板。

二是完善产业创新体系。依托骨干企业，围绕关键核心技术研发、系统集成和成果中试转化，建设若干具有世界先进水平的工程化平台，发展一批企业主导、产学研用紧密结合的产业技术创新联盟，建设一批符合市场规律、产业关联度高、生产衔接紧密的产业集群，尽快实现重大急需高端装备自主可控。

三是推进创新人才培养。加快建立有利于高端装备创新发展的人才选拔、评价和激励机制，完善国有高端装备企业薪酬制度，提高科研人员收入待遇。鼓励高校开设高端装备领域相关课程，培养基础理论知识扎实的高学历人才。依托重大项目的实施，带动高水平创新人才的培养和成长，积极引进高端装备制造急需紧缺人才。

做强做优机器人产业
助推先进制造业发展

——促进新旧动能转换调研报告之六

张军立　刘若霞

机器人产业正处于前所未有的黄金发展期，在通用技术研发、本体制造、零部件生产、系统集成、应用推广、市场培育等方面取得了丰富成果，为我国制造业提质增效、换档升级提供了全新动能。与此同时，机器人产业也存在关键核心技术有待提高、市场发展环境需进一步规范等一系列问题，需要引起高度关注，综合协调各方资源统筹布局、科学规划、综合施策，加快推动产业发展壮大。

一、我国机器人产业发展快、潜力大

机器人产业保持快速增长，市场规模优势明显。据研究机构估算，2012—2017年，全球机器人产业年均增长率接近17%，我国年均增长率达到28%，增速高于全球近9个百分点。2017年，我国机器人市场规模达到62.8亿美元，占全球比重约27%。其中，工业

机器人发展较快，连续五年成为全球第一大应用市场，2017年销量同比增长近24%，市场规模约42.2亿美元，其中关节型机器人销量占比超60%，是国内市场最主要的产品类型。服务机器人市场规模达到13.2亿美元，同比增长约28%，主要产品为家用服务机器人、医疗服务机器人和公共服务机器人。特种机器人市场规模达到7.4亿美元，增速达到17.5%，主要产品为军事应用机器人、极限作业机器人和应急救援机器人等，其中极限作业机器人增速最快。

多元化应用场景不断拓展，潜在市场需求进一步释放。工业机器人方面，我国在汽车、电子、家电、橡胶塑料、食品饮料等行业应用较广，随着小型化、轻型化、柔性化等性能的不断提升，工业机器人由搬运、焊接、装配等操作型任务向加工型任务拓展。近两年国家加快工业互联网部署，制造业企业智能化改造需求增加，工业机器人使用密度将大幅提升。服务机器人方面，我国在教育、医疗、养老等领域应用持续拓展，情感机器人、陪护机器人、教育机器人、康复机器人等新兴应用场景不断涌现。特种机器人方面，我国特种无人机、水下机器人、防爆巡检机器人等产品具有一定优势，在应对地震、洪涝等抢险救灾，以及矿难、火灾、安防等公共安全领域，特种机器人需求仍然较大。

技术创新和产品创新齐头并进，产业化进程持续加速。机器人技术创新围绕人机协作、人工智能和仿生结构不断深入。人机协作技术将认知能力与效率提升相结合，使操作机器人更安全简便，是工业机器人发展的重要方向。东北某企业研发出国内首台7自由度协作机器人，实现了快速配置、牵引示教、视觉引导、碰撞检测等功能。人工智能技术正从感知智能向认知智能加速迈进，已在深度学习、抗干扰感知识别、听觉视觉语义理解与认知推理、自然语言理解、情感识别与聊天等方面取得了明显进步。

我国在计算机视觉和智能语音等应用层专利数量快速增长，催生出一批创新型企业。仿生技术、生物模型技术、生机电信息处理与识别技术等不断进步，仿生新材料逐步应用推广，特种机器人环境适应性有所增强，未来替代人类在更多复杂环境中从事劳动的应用前景广阔。

二、做强做优机器人产业亟须解决三大问题

目前发达国家机器人产业发展相对成熟，跨国巨头在全球工业机器人市场处于垄断地位，我国主要以中低端产品为主，与国际先进水平差距较大。

关键核心技术和基础功能部件国内供给不足。目前，我国机器人产业技术水平还不高，突出表现在高精密减速器、高性能伺服电机、安全控制器及灵巧末端执行器等高端零部件和核心技术差距较大。一些国外企业均已推出较为成熟的人机协作机器人，灵活性、安全性、群体协作程度较高。而在中空直流电机、安全控制器等方面我国还有不小差距，人机协作机器人性能有待大幅提升。

企业创新能力和产业化能力有待增强。机器人作为应用型技术产品，研发主体应为更接近市场的企业。机器人产业强国都拥有一批研发实力雄厚的企业，从而带动本国机器人产业发展。目前我国机器人产业创新主体大多为科研机构，企业研发投入不多，出现了技术创新和产品开发“两张皮”的局面，又缺乏成果转化和产业化的有效机制，不利于我国机器人产业发展。

中小企业低水平重复竞争激烈。近几年，我国机器人企业数量快速增加，但大多数企业规模小、实力弱、产品低端，市场竞争十分激烈。绝大部分企业从事系统集成，一小部分从事伺服系

统、控制器和减速器生产，企业盈利水平较低。与国外相比，我国机器人产业缺乏龙头企业带动，产业链上下游资源没有得到优化配置，大中小企业协同发展优势尚未形成。

三、几点建议

我国机器人产业要明确发展定位和方向，把握技术和产业发展的基本规律和阶段性特征，推动产业由规模扩张转向质量和效益提升，走上高质量发展阶段。

一要加强机器人产业发展战略引导。完善国家和地方相协调的产业政策体系，做好政策衔接，立足区域基础和特色优势，促进各类资源要素向优势地区集中，培育形成产业集群。培育一批有带动作用的龙头企业，避免产业发展“小散弱”问题，引导大中小企业协同合作，促进机器人产业高端化发展。加快机器人公共服务平台建设，推动机器人产业与互联网深度融合，加快形成集政策研究、产融合作、资源汇聚、人才交汇、标准制定、创业孵化等为一体的线上线下综合服务体系，促进跨机构、跨区域的资源整合与信息共享，全面打通创新链、产业链、人才链和资本链，促进机器人产业可持续发展。

二要持续提升机器人产业自主创新能力。强化企业创新主体地位，建设以骨干企业为主导的国家机器人创新中心，建立健全产学研用协同创新体系，形成联合开发、优势互补、成果共享、风险共担的创新机制。加大企业研发支持力度，围绕机器人行业共性技术和前沿技术联合攻关，集中突破高精度减速器、高性能伺服电机和驱动器和高性能控制器等关键零部件。聚焦智能制造、智慧物流、医疗健康、家庭服务、教育娱乐、特殊作业等领域应用需求，积极研发弧焊机器人、人机协作机器人、智能服务机器人、手术机器人、消防救援机器人等标志性产品，加速机器人产业向中高端迈进。

三要开展重点领域机器人应用示范。实施一批效果突出、带动性强、关联度高的典型行业应用示范工程，引导企业分步骤、分层次开展机器人在细分行业的推广应用。针对需求量大、环境要求高、劳动强度大的工业领域，选择重点行业推进工业机器人与互联网融合，提升机器人设备之间的网络连接和数据互通能力，培育重点领域机器人应用系统集成商及综合解决方案服务商。针对医疗、养老、物流、金融、安全生产、抢险救援等服务领域，鼓励自主先进技术示范，促进服务机器人、特种机器人推广应用。

四要建立健全机器人产业标准和检测认证体系。充分调动企业参与制修订标准的积极性，加快研究制订产业急需的各项国家标准、行业标准和团体标准，强化标准之间的协调性和一致性，实现产品标准对接，构建和完善机器人产业标准体系。充分发挥检测认证在机器人产业发展中的基础性作用，推动我国机器人检测认证制度化、规范化、标准化，提高机器人检测认证的规范性、一致性和采信度。

五要加快机器人领域高技能人才队伍建设。加大机器人领域高技能人才的教育培训力度，培养从系统集成、安装调试、操作维护到运行管理的多层次、多类型人才。积极搭建校企交流合作平台，鼓励重点企业与国内外高等院校、研究机构建立人才联合培养机制，根据产业发展实际共同制定人才培养计划，共同建立人才实训基地，共同探索“校企合作、工学结合”的人才培养模式，实现人才培养与市场需求良好对接。

适应消费升级趋势
改造提升消费品工业

——促进新旧动能转换调研报告之七

张军立　李钊

消费品工业是我国重要民生产业和传统优势产业，其规模和利润均接近全部工业的30%，100多种消费品产量居世界首位，家电、制鞋、棉纺、化纤、服装等产能占全球50%以上，轻工、纺织出口占全球30%以上。消费品工业既面临消费升级带来的重大市场机遇，也存在有效供给不足等突出的结构性矛盾，正处于新旧动能转换的关键阶段。加快破解这些矛盾障碍，消费品工业将释放出巨大的发展潜力，对稳增长、促消费、惠民生、增出口发挥重要作用。

一、消费品工业发展面临的主要矛盾

一是低端产品过剩、中高端产品不足的供给性矛盾。我国消费品工业存在低端产品多中高端产品少、同质化产品多独创性产品少、贴牌加工多自主品牌少的“三多三少”现象，是典型的“制造大国、品牌小国”。虽然品种全、产量大，但质量档次与发达国家相比尚有较大差距，每年大量消费升级需求外溢；在2018年福布斯全球最有价值品牌榜单中我国仅有一个品牌入选。

二是创新能力偏弱、研发投入较少的技术性矛盾。我国消费品工业特别是传统消费品领域技术水平相对落后，创新能力滞后于消费升级步伐，新产品产值占比低于工业平均水平。消费品工业属于微利行业，研发投入少是导致创新能力低的重要因素。2018年以来，消费品工业增加值、主营业务收入、利润总额、出口增幅较上年同期分别回落1.2个、3.2个、3.4个和4.2个百分点，且均低于全部工业增幅，企业经营压力加大，创新投入进一步受到较大影响。

三是消费增速下滑、分化趋势加剧的需求性矛盾。2018年上半年，社会消费品零售总额增速9.4%，处于近年来的低位。几十种重点消费品中只有成品糖、空调、彩电等产量保持两位数增长，其余则是个位数甚至负增长。电冰箱、洗衣机上年同期增速为8.9%、3.5%，2018年则只有3.1%和0.3%。相对于传统消费品需求大幅放缓，代表消费升级方向的智能家电、智慧家居等创新型产品持续高速增长，例如对开门冰箱、滚筒式洗衣机、超高清电视等产品均保持10%以上增长，但市场份额仍然相对较小。

四是发展方式粗放、质量效益不高的经营性矛盾。受国内外多重因素影响，我国部分消费品工业高成本、高污染、高耗能的发展方式弊端日益凸显。2018年上半年，全行业亏损企业数量同比增加14.2%，其中轻工（不含食品）、纺织、医药等行业亏损额分别增长40.2%、18.0%、27.7%。随着部分消费品进口关税的进一步降低，消费品工业将面临进口增多、出口下滑的新“双重挤压”，迫切需要提高发展的质量效益。

五是市场监管存在缺位、准入障碍依然较多的制度性矛盾。一方面，消费品质量安全事件时有发生，假冒伪劣现象屡禁不绝，监管有待加强。另一方面，消费品市场准入还存在不合理审批。例如同一条生产线生产的冰箱，500升以下的实行CCC认证、500升以上实行生产许可证管理，同一企业生产的空调压缩机需办理CCC认证、汽车空调压缩机需办理生产许可证。安徽某药企的抗菌创新药曾获国家技术进步奖，价格便宜疗效好，但上市10年仍无法列入国家医保目录，销售规模一直难以扩大。

二、加快消费品工业新旧动能转换的建议

解决上述矛盾需要政府、市场、企业多方发力，大力实施增品种、提品质、创品牌“三品”战略，充分发挥市场机制作用，激发企业提质增效内生动力，开发顺应消费升级趋势的产品和服务，更好保障基本消费、增加优质消费、抓住高端消费，推动消费品工业向高水平供需平衡跃升。

第一，支持企业加大创新投入。适度降低消费品工业增值税、所得税税率，扩大增值税可抵扣范围和比重，适度提高设计、营销、融资费用抵扣幅度，减轻企业成本负担，使企业有能力、有意愿增加创新投入。利用工业转型升级资金、国家科技计划、产业投资基金等现有资金渠道，支持企业开展以智能制造为主要内容的技术升级改造。完善以企业为主体的技术创新体系，建设行业技术整合型平台，鼓励企业与高校、科研院所组建产业技术创新战略联盟，开展关键共性技术攻关和行业协同创新。

第二，依靠创意设计丰富品种开发。制定系统性政策措施，支持工业设计产业发展。在消费品重点行业、产业集聚地区，建

设一批国家级工业设计中心，鼓励有条件的大型企业剥离设计机构，面向市场承接设计外包服务。培育一批网络化创新设计平台，推广应用“众包”等新型创意设计组织方式，提升设计专业化程度。引导企业顺应个性化、时尚化、功能化、绿色化消费趋势，在产品开发、外观设计、产品包装、市场营销等方面加强创新，积极开展个性化定制、柔性化生产，增加中高端产品供给比重。深入推进消费品工业“双创”，利用“微创新”“小发明”提高产品的实用性、功能性、便利性，增加产品附加值。

第三，提高标准水平倒逼品质提升。深入实施消费品标准和质量提升规划，在全行业开展国际标准对标，加快缩小与国际先进标准差距。鼓励企业制定更高水平的企业标准，实行标准自我声明，严格依照标准生产，实现内外销消费品“同线同标同质”。提高消费品安全强制性标准底线，尤其是对食品药品等直接涉及生命健康的消费品，按照“四个最严”要求严把质量安全关，增强市场消费信心。加快推进仿制药质量和疗效一致性评价，全面提升仿制药质量水平。

第四，优化自主品牌发展环境。强化竞争执法，坚决废除妨碍全国统一市场和公平竞争的规定和做法，通过优胜劣汰促进市场资源向优质企业聚集。违法成本过低，是质量安全和侵权问题频发的重要根源。要加快推动相关法律法规修订，落实商品质量惩罚性赔偿等制度，大幅提高市场违法成本。以网络市场、农村市场为重点，严厉打击制售假冒伪劣商品、傍名牌等行为，加大对专利、商标、地理标志、知名商品特有名称等保护力度。加强自主品牌宣传推广，实施国产消费品精品工程。支持地方和行业协会办好博览会、时装周、设计大赛等重大品牌活动，培育一批国际化的品牌展览展示机构，提高民族品牌市场认知度。

第五，完善审批认证等管理制度。建立消费品生产经营负面清单管理制度，取消不必要的审批、目录和不合理收费，除强制性标准和法律法规明确规定外，取消消费品生产经营其他市场准入限制。对新业态、新技术、新产品，在相关国家标准出台前，可先由行业组织或骨干企业出台团体标准，在确保质量安全的前提下推动创新型产品快速进入市场。统一生产工艺相近产品的许可认证制度，推广“一企一证”许可管理模式，降低企业制度性交易成本。缩短仿制药、化妆品新原料等审批周期，对食品添加剂等实行更加科学务实的管理，积极支持产业创新发展，加快培育壮大消费品工业发展新动能。

强化新能源汽车创新
推动汽车产业结构调整

——促进新旧动能转换调研报告之八

张军立　邢建武

我国是汽车大国，但大而不强特征突出。近年来我国新能源汽车快速发展，为汽车产业转型升级打下了良好基础。但也要看到，目前新能源汽车产业尚处于成长期，发展基础并不牢固，应进一步完善政策措施，加快我国汽车产业新旧动能转换步伐。

一、发展新能源汽车是促进汽车产业动能转换的关键

汽车产业是国民经济的重要支柱，具有产业链长、涉及面广、技术要求高、综合带动能力强等特点。我国汽车相关产业税收占全国税收比、从业人员占全国城镇就业人数比、汽车销售额占全国商品零售额比已连续多年超过10%。加快推动汽车行业新旧动能转换，对于促进国民经济持续健康发展十分重要。

当前我国汽车产业已进入转型升级的关键时期。自2009年我国汽车销量超过美国成为世界最大汽车市场以来，已连续9年产销

量位居世界第一，2017年分别达到2901.5万辆和2887.9万辆。但经过持续多年高速发展，汽车产业增长明显放缓，2018年7月份已出现负增长。与此同时，传统燃油汽车保有量持续增长，也给我国能源安全和大气污染带来严峻挑战。加快发展新能源汽车，已成为汽车产业转型升级的必然选择。

世界主要汽车生产国纷纷把发展新能源汽车作为主攻方向。早在2010年前后，不少国家就将发展新能源汽车上升为国家战略。近期部分国家推进力度又进一步加大，欧洲已有8个国家提出禁售燃油车的动议，挪威甚至提出要在2025年全面禁售。国际汽车巨头及零部件公司集体快速转向新能源汽车。

我国新能源汽车发展成绩突出，但产业基础并不牢固。近几年，国家高度重视发展新能源汽车，2012年国务院发布《节能与新能源汽车产业发展规划》，2014年国务院办公厅又印发《关于加快新能源汽车推广应用的指导意见》，各部门先后推出30多项政策措施，各地也结合自身实际出台了450多项配套政策。在各方面共同努力下，新能源汽车取得了快速发展，技术水平显著提升，产业体系渐趋完善，配套环境日益优化。2017年，我国新能源汽车产销量分别达到79.4万辆和77.7万辆，连续3年产销量居世界第一，目前已累计推广超过220万辆，占全球市场保有量的50%以上。但也要看到，我国新能源汽车产业存在不少薄弱环节，部分瓶颈问题还比较突出。一是核心技术有待进一步提升。纯电动汽车发展虽然较快，但电池单体能量密度离2020年350瓦时/公斤的目标还有较大差距。燃料电池汽车核心技术与国际先进水平仍然存在很大差距，总体成本仍然偏高。二是配套环境有待改善。使用环节支持政策相对不足，充电设施建设相对滞后，加氢基础设施的审批、建设、运营等问题亟待解决。动力电池回收利用体系也尚未建立健全。三是安全监管亟待加强。随着电动汽车保有量快速增长、老旧车辆不断增多，安全问题已有所凸显。四是地方保护仍未破除。部分城市依然存在设置“小目录”或备案要求等现象，不仅影响公平竞争，还限制了消费者选择权，不利产业长期持续健康发展。

总的看，我国新能源汽车特别是纯电动汽车已经具备较好发展基础，应进一步完善政策措施，在纯电动路线上继续巩固优势、加快做大做强，在氢燃料电池路线上加强技术研发、大力示范推广，推动我国新能源汽车产业尽快实现全面突破。

二、下大功夫加快把纯电动汽车做大做强

一要加快关键核心技术突破。纯电动汽车能不能比燃油汽车更有竞争力，关键在于实现动力电池革命性突破，做到全生命周期更经济。要加快动力电池等制造业创新中心建设，集中行业优势资源着力攻克下一代锂电池和金属空气电池、固态电池等新体系电池关键核心技术。同时，支持企业在底盘平台、整车集成等领域技术创新，加快产品升级换代，提升整车综合性能。

二要大力推进充电设施建设。充电设施是新能源汽车发展的突出短板。要进一步解决好充电桩数量不足、老旧小区改造、进小区难等问题，加快构建便利高效、适度超前的充电网络体系。扎实推进先进充电技术研发，完善安全维护标准，提高充电设施标准化、网络化、智能化发展水平。积极创造条件，从技术标准、城市规划建设、相关配套设施等方面完善政策，鼓励企业开展商业模式创新。

三要加快健全安全监管体系。没有安全，新能源汽车就没有未来，必须坚持一手抓发展、一手抓安全。当前要突出抓好安全

检查、维修报废、产品召回、消防救援等亟须制度规范的建设，强化事中事后监管。同时，进一步完善新能源汽车监管信息平台，提高上报信息的及时性和有效性。督促生产企业提高售后服务保障能力建设，提升新能源汽车安全运行水平。

四要扎实推进电池回收利用。全面落实生产者责任延伸制度，加快将责任落实情况与产品强制认证、汽车公告管理等措施挂钩，督促企业建立健全回收渠道。加快回收利用溯源信息系统建设，强化报废、回收、流通、处置等重点环节和薄弱领域监管。

五要进一步健全政策体系。落实积分交易制度，坚定行业发展信心。积极推动机场、港口、货场等专用车辆应用，鼓励各地放宽物流配送等领域通行限制。大力破除地方保护，建立全国统一的新能源汽车市场，坚决取缔地方“小目录”和备案，推动地方支持充电设施建设。

三、加快布局氢燃料电池汽车发展

当前，全球新能源汽车发展格局中，纯电动汽车发展明显快于氢燃料电池汽车，但业内普遍认为二者并行不悖，完全可以各有侧重、共同发展。其中，纯电动汽车主要适用于中短途、轻载等乘用车为主的领域，氢燃料电池汽车主要适用于长途、中重载等商用车为主的领域。建议借鉴纯电动汽车发展经验，坚持市场主导、政府引导，明确燃料电池汽车在长途、中重载领域的发展定位，加快确立顶层设计，以推广带动研发、以研发促进推广，供需两侧共同发力，为产业发展营造良好环境。

一要加快示范推广应用。没有这个前提，技术难以发展成熟，企业不能实现批量生产，加氢站运营也很难实现盈利。这也是我国纯电动汽车发展的宝贵经验。据有关方面测算，如能将推广规模从当前的千辆级提升到5万辆级，就能实现成本快速下降。建议结合大气污染治理需要，尽快在京津冀、长三角、珠三角、汾渭平原等地区启动“推广应用工程”，重点推进长途、中重载等领域商用车替代，力争2020—2021年达到5万辆年度推广规模。

*二要推进加氢设施建设。*当前，加氢站供给不足，关键是其建设、运营、管理各环节均面临一定制度约束或政策缺失。要抓紧制定氢能产业发展规划，建立健全加氢站建设审批和监管体系，完善相关标准法规，加快出台70MPaⅣ型瓶等急需标准。

*三要强化关键技术研发。*研究设立燃料电池创新工程，支持以企业为主体搭建联合开发平台，在加快技术引进消化吸收的同时，加强材料、部件、系统集成等技术和装备研发。加大对下一代产品的基础、前沿技术研发布局。

*四要制定完善支持政策。*稳定企业预期，积极引导整车企业加大开发推广力度，研究将乘用车燃料消耗量与新能源汽车积分管理制度拓展到商用车领域，并对燃料电池汽车给予更大支持。

发展壮大节能环保产业 加快培育形成绿色增长极

——促进新旧动能转换调研报告之九

张军立　马波

节能环保产业，领域广、产业链长、关联度大、吸纳就业能力强，是世界各国高度重视的朝阳产业。单就环保产业而言，2017年全球市场规模已经达到1万亿美元，是25年前的5倍，年均增幅保持在8%以上，远远超过全球经济增长率，一些发达国家的环保产业产值已经占GDP的10%以上。在推进生态文明建设的大背景下，加快发展壮大节能环保产业，既是打赢污染防治攻坚战、建设美丽中国的必然要求，也是培育发展新动能、提升绿色竞争力、促进经济发展方式转变的必然选择。

一、我国节能环保产业发展迅猛

（一）市场规模快速扩大。我国已初步形成了较为完整的节能环保产业链，产业领域不断扩展，产业规模快速增长。近5年来，节能环保产业保持了年均约15%的增长率，2017年产值接近6万亿元，预计2020年将超过8万亿元。据不完全统计，在我国境内从事节能环保业务、并在国内外证券交易市场上市的公司，2016年营业收入约2542亿元，净利润约299亿元，分别比2011年增长了4倍和3倍。

（二）技术装备水平持续提升。高效燃煤锅炉、膜生物反应器、高压压滤机、水电机组、光伏组件等装备技术水平国际领先，四代核能技术研发和应用居世界前列，拥有世界一流的除尘脱硫脱硝、生活污水处理、余热余压利用等供给能力，可再生能源、大气污染治理和水处理等领域关键技术、设备和材料国产化比重超过90%。基础研发能力明显增强，相关国家科技基础条件平台、国家重点实验室、国家工程实验室等超过150个。

（三）新模式新业态不断涌现。专业化的合同能源管理、环境污染第三方治理、环境绩效服务蓬勃发展，越来越多的企业将能源管理、环境管理外包，市场专业化程度明显提高。单一服务商向综合服务商转型，服务内容由设备供应、工程改造拓展为诊断、设计、融资、建设、运营等“一站式”全方位服务。2017年环境服务业营业收入达到7550亿元。

从发达国家历史发展经验看，当进入工业化中后期、人均GDP达到8000美元以上的时候，以节能环保为代表的绿色产业将迅速壮大为支柱产业之一。2017年我国人均GDP超过8800美元，随着节能环保要求的提升、节能环保意识的普及、节能环保技术的突破，节能环保产业正在迎来新的发展黄金期。通过调研，我们认为，以下领域有望打造成新的经济增长点或新的产业集群。

一是高端环保装备。目前环保技术装备已向智能化、高端化、成套化、综合化方向发展。我国环保装备制造业产值2016年已超过6000亿元，2020年预计可达到10000亿元。但低端供给相对过剩，高端装备供给不足，发展高端环保装备市场空间巨大。

二是环境污染治理市场。随着环境综合治理工作向纵深推进，大气、水、土壤污染防治面临新一轮的提标升级改造。特别是土壤修复起步较晚，研究基础薄弱，技术种类较少，修复技术缺乏针对性、适用性和整体性，与发达国家相比有近20年的差距。“土十条”出台后，众多工业企业从城市迁出，原厂址的土地性质发生改变，土壤修复市场需求更为急迫。

三是环卫综合服务行业。环卫综合服务包含环卫装备和环卫服务两个部分，环卫装备主要包括环卫清洁装备、垃圾收转装备等，环卫服务则是对城市环境卫生和市容市貌进行维护。目前国内这一块市场化率较低，约为20%—30%，与一些发达国家70%左右的市场化率相比差距极大。预计未来几年，国内城乡环卫综合服务市场化率有望以每年四五个点的速度提高。

四是危废处理行业。危废管理是全球公认的最困难的环保问题之一。近年来我国危废产量逐年上升，2017年共产生危险废物5340万吨，同比增长超过30%；预计2020年我国危废产量为1.23亿吨，危废处理市场将超过1100亿元。

五是资源循环利用产业。主要包括大宗固废综合利用、再生资源综合利用、再制造等领域。随着资源循环利用技术装备水平在大型化、配套化、自动化、智能化方面的进步升级，以及国家促进资源综合利用发展相关政策的出台和落实，我国资源循环利用产业将会迎来迅速发展。

六是工业绿色发展。以清洁、高效、低碳、循环为核心的绿色工业已成为国际趋势，美国等发达国家已经把绿色制造作为“再工业化”战略的重点方向。制造业绿色升级改造将提速，绿色工厂、绿色产品、绿色园区、绿色供应链建设等需求潜力很大。

二、节能环保产业发展面临诸多问题和挑战

我国节能环保产业发展虽然取得较大成绩，但由于起步较晚，目前仍处于成长初期，自身造血功能不足，面临不少困难和挑战。

一是产业发展政策不稳定落实不到位。节能环保产业受政策影响较大。调研中，企业普遍反映这两年“专项停了、退税难了、基金慢了、日子不好过了”。随着合同能源管理以奖代补、节能产品惠民等政策陆续停止，很多企业处于观望状态。补贴拖欠问题严重影响产业发展，地方政府普遍存在拖欠污水处理费等现象，节能环保、资源综合利用等税收优惠政策在地方难以落实。

二是市场秩序不规范。地方保护、行业垄断、低价低质恶性竞争等市场不规范现象严重。近几年，大量资本进入市政环境基础设施领域。为抢占市场份额，部分企业通过“实业亏损、资本市场来补”的模式颠倒成本价格关系，“价格战”愈演愈烈，“劣币驱逐良币”成为常态。垃圾焚烧发电中标最低价在半年时间内从48元/吨降低至18元/吨，污水处理价格从1—5元/吨以上迅速降低到0.4元/吨，专家测算远低于成本价。

三是产业集中度低。行业准入门槛偏低，业内企业鱼龙混杂，缺少能与国外企业竞争的行业巨头。即使是集中度较高的水务领域，国内仅有6家企业市场占有率在2%以上。全国以节能服务为主营业务的公司有5000多家，上市公司仅10余家。现有的4万多

家环保企业中，近90%属于小微企业，国内外上市企业仅百余家。而在美国，一家固废公司2016年营业收入超过136亿美元，占固废行业25%的市场份额。

四是技术对产业发展支撑不足。技术创新支持体系和成果转化机制不完善，创新研发体系以科研院所为主，与市场需求脱节错位，技术适用性和规模化应用价值低，产业整体持续创新能力弱，与发达国家差距明显。

五是标准体系有待完善。在节能领域，部分节能产业标准仍有缺失，标准覆盖面不够均衡，管理标准偏多、技术装备标准偏少，特别是与强制性节能标准配套的检测评估、部分高效节能产品和技术、绿色金融等方面的标准几乎空白。在环保领域，各细分领域标准分布不均，一些领域标准细致严格，甚至严于世界先进水平；一些标准严重滞后，在部分工业领域存在标准制定与现有主流生产工艺不匹配的问题；一些新兴细分领域如污泥回收处理回用、VOC治理、土壤修复等方面标准仍然匮乏。

三、推动节能环保产业高质量发展

节能环保产业正在孕育新技术、催生新业态、创造新供给。要加快推动“节能环保+”和“+节能环保”，促进节能环保产业与传统产业良性互动，积极培育绿色增长极，抢占未来竞争制高点。为此，提出以下建议：

一是确保政策的连续性。如有政策调整，要考虑与原有政策的衔接，给予企业一定的适应期，并提前制定应急补救措施。要避免“一刀切”叫停PPP项目的简单化做法，对已经签约和开工的PPP项目要采取措施保证融资的连续性，满足已开工PPP项目合理融资需求，保证正常建设。要尽快解决补贴拖欠问题，分清轻重缓急，逐步解决，确保政府公信力；对于补贴占比较小的，比如生物质发电仅占整个可再生能源补贴的10%左右，且还涉及扶贫问题，建议优先解决。

二是加快制订出台产业指导目录。节能环保产业涉及多个部委，要进一步加强政策统筹、资金统筹、力量统筹，尽快出台包括节能环保产业在内的绿色产业指导目录，划定产业边界、产业类型，明确相关技术标准参数，为地方、部门制定绿色产业政策、引导资本投入提供依据；同时，在目录基础上，加快在金融、价格、财税、投资等方面制定更加具体、更具有操作性的子目录，形成促进节能环保产业发展的完整的“政策树”。

三是加大减税力度。建立绿色导向的税收体系，对生产绿色产品、实施节能环保工程的企业和项目实行结构性减税，对绿色化水平低、产品能耗高的企业实行惩罚性增税政策。将合同能源管理相关税收优惠政策推广到能源托管、合同节水管理、环境污染第三方治理、环境绩效托管服务等模式，研究执行6%的增值税税率标准。参考一些发达国家做法，对市政污水处理等公共事业实施免税政策。

四是进一步规范市场秩序。优化简化节能环保项目行政事项审批流程，推进节能环保项目行政审批标准、项目核准条件等信息公开，鼓励各级政府建立节能环保项目绿色审批通道。加快完善环境服务价格形成机制，推广环境绩效合同服务。清理废除地方自行制定的影响统一市场形成的限制性规定，加强对明显低于市场平均价格项目的运营监管，严防恶性低价竞争。

五是加快推进技术升级、标准升级和消费升级。加快国家重点实验室、国家级节能环保技术创新服务平台建设，充分发挥企业作为绿色技术创新主体的作用，依托骨干企业和产业园区，建立产业科技创新基地。提高标准水平，能效、水效、物耗、环境质量标准要全面向国际先进水平对标看齐。强化节能环保产品的推广机制，推进政府等公共机构、国有企业执行节能环保产品强制采购制度，设置节能环保产品在绿色建筑中的最低使用比例。

推动医疗器械产业向中高端迈进

——促进新旧动能转换调研报告之十

马波

医疗器械产业是生物工程、电子信息和医学影像等高新技术领域复合交叉的知识密集型、资金密集型产业。作为关系人类生命健康的战略性新兴产业，医疗器械产业长期保持良好增长势头，2017年全球规模已达到4200亿美元。加快推动医疗器械产业向中高端迈进，既是应对老龄化加速、实施健康中国战略的客观要求，也是培育新经济增长点的重要内容。

一、我国医疗器械产业发展前景广阔

在国家政策的大力引导下，我国医疗器械产业发展迅速。2017年市场规模达到5200多亿元，过去6年来年复合增长率超过18%，我国已经成为全球第二大医疗器械市场。预计到2020年，我国医疗器械产业的市场规模将超过7000亿元，未来10年将继续保持年均10%以上的增幅。

当前全球技术和产业变革加快，对医疗器械产业发展产生了

深刻影响，为我国医疗器械产业跨越式发展创造了机会。比如，互联网与大数据，为远程医疗、移动医疗带来了新的发展机遇；3D打印技术，从医疗模型快速制造逐渐发展到复杂手术器械，从没有生命的医疗器械向打印具有生物活性的人工组织、器官的方向发展；人工智能，在医学影像、手术导航、神经电生理、脑机接口、智能康复等领域不断取得突破；虚拟现实与增强现实技术，将广泛应用于医学干预、临床诊断、医疗培训、健康保健等。

调研中我们发现，我国医疗器械总体处于中低端水平，与国外先进水平存在较大差距，但差距也是机遇，只要我们确定发展目标，加大工作力度，加快追赶步伐，就会在差距较大的领域培育出一批新的经济增长点。一是体外诊断。体外诊断（设备和试剂）属医疗器械领域中最大的一个板块，占据约13%的份额，用于满足疾病的风险预测、健康管理、慢病管理等需求，与国民健康密切相关。目前，除血球、生化等个别细分领域，国产品牌主要布局中低端市场。二是康复辅具。我国康复辅具种类与国外差距较大，目前市场在售的康复辅助器具不足万种，而德国为3.2万多种，日本高达4万多种，有数据显示我国的康复辅助器具服务率仅7.31%。高端产品基本空白。三是医疗机器人。医疗机器人有力推动了医疗技术的变革和医疗服务质量的提升。目前，医疗机器人包括手术机器人、诊疗机器人、康复机器人、运送与护理机器人等子领域。全球医疗机器人市场中，欧美企业占据了较大市场份额，处于市场主导地位。四是主动健康产品。目前全民健康需求趋势已经由“被动医疗”转为“主动健康”，主动健康产品发展迅速，展现出巨大市场空间，成为健康科技战略必争的前沿领域。比如疾病健康风险的早期精确预警、无创生命体征监测、人体微生态健康调控等产品，国际巨头已纷纷开始布局。五是定制个体化产品和服务。精准预防、精准诊断、精准治疗等概念的提出，必将促进定制个体化医疗器械的发展。定制个体化体现了对患者个体差异性的关注，会最大限度降低医疗器械产品应用所带来的风险，并获得个体最大收益。定制个体化已成为未来医疗器械产业发展的趋势。

二、我国医疗器械产业发展面临不少制约因素

一是产业规模较小。我国医疗器械产业仅占全球市场份额的7%；医疗器械产业与药品市场之比约为0.3∶1，远低于发达国家1.02∶1的水平。从事医疗器械生产的国内企业超过15000家，但缺乏龙头企业。全球医疗器械领域前20强的公司中有13家美国公司、6家欧洲公司、1家日本公司，总销售额超过2400亿美元，占据全球市场的半壁江山。

二是创新能力不足。目前我国医疗器械行业研发投入占销售收入的比重为3%，而国外平均水平为15%以上。还赶不上一家大型跨国公司的投入。

三是工业基础水平薄弱。医疗器械产业与其他产业之间关联紧密，特别是上游产业直接影响到医疗器械的技术走向。目前我国的基础工业，如材料、电子、机械等，与发达国家相比还有不少短板，已成为影响医疗器械产业迈向中高端的重要因素。

四是高端人才匮乏。医疗器械是多学科综合的产物，既涉及电子、软件、材料等硬技术，也涉及生物学评价、动物实验、设计等软技术。目前医疗器械专业性人才，特别是设计结构工程师、硬件及医用电子工程师和高分子方面的高端人才缺口明显，直接影响到国际竞争力的提升。

三、为医疗器械产业发展创造更好条件

医疗器械是高度市场化竞争产业。政府要更多地在营造发展环境上下功夫，发挥好企业主体作用，推动医疗器械产业从“高速度”转向“高质量”，从“有没有”转向“好不好”，从“中低端”转向“中高端”。

一是加强顶层设计和统筹规划。综合运用政策引导措施，以知识产权专利保护为抓手，在产业发展规划、行业监管注册法规、科研经费管理、科技园区建设、产业群产业链布局以及创新产品临床应用等环节多管齐下，打造覆盖创新产品从诞生到消费使用的全链条的支持创新产品的大环境。

二是优化国产医疗器械应用环境。加强各部门协调配合，多层次优化国产创新医疗器械应用环境，推进各级医疗机构的国产创新医疗器械应用和装备升级工作，加快构建我国优秀国产创新医疗器械应用及推广体系。

三是加快创新步伐和前沿布局。大力加强体制、机制和管理创新，通过产学研医技术创新联盟等多种形式，有效整合优势科技资源，系统构建国家医疗器械创新体系，加强共性核心技术和关键部件开发，大幅提升我国医疗器械产业的自主创新能力。重视颠覆性前沿技术和重大原始创新，在显示器球管、医用传感器、新型微流控芯片、超声换能器、微电极等核心配件领域，以及体外诊断上游原料、酶制剂及抗体制备等新技术领域超前布局。重点培养和引进一批具有世界前沿水平的战略科学家、学术带头人、高级工程技术人才和中青年专家等领军人才与创新团队。

四是加快培育跨界融合的新业态新模式。注重推进新产品、新材料、新型服务模式纵深发展，重点发展新一代人工智能、大数据、高性能计算等医用人工智能系统。大力发展面向个人和家

庭的健康医疗器械产品，驱动疾病医学模式向健康医学模式的快速演进。着力推动医疗器械企业、医疗健康服务业、信息服务行业的多行业跨界融合，促进医疗器械新业态健康有序发展。

推动检验检测认证业发展为新动能成长提供技术支撑

——促进新旧动能转换调研报告之十一

李钊

检验检测认证作为重要的生产性服务业，是提升产业水平、促进转型升级、服务贸易发展必不可少的技术支撑。检验检测认证不仅可以有效保障质量安全，而且深度参与产品研发、工艺试验、技术验证等环节，在战略性新兴产业发展中扮演着关键角色。我国检验检测认证行业发展前景广阔，但目前也存在产业大而不强、国际化程度不高等突出问题，尚难适应经济高质量发展和新动能快速成长的迫切需要。应坚持问题导向，加大改革创新和培育引导力度，进一步做强做优检验检测认证行业，为相关产业发展提供有力支撑。

一、促进规模化发展，提升机构整体实力

近年来，我国检验检测认证行业蓬勃发展。截至2017年底，

检验检测认证从业机构数量达到3.68万家，实现营业收入2632.52亿元，较上年增长13.5%，据预测，到2020年将达到4700亿元，是全球成长最快、潜力最大的检验检测认证市场。同时，我国检验检测认证行业整体处于“小、散、乱、弱”状态。我国获认可的检验检测认证机构数量全球最多，约占全球总数的八分之一，但普遍规模不大。例如，2017年某检验检测跨国公司营业收入440亿元，而我国最大的国有检测认证机构则不到80亿元，最大的民营检测机构仅21亿元。据统计，2016年我国96%的检验检测机构人数不到100人，超过80%的机构仅在本省区域内开展服务，小型化、本地化特征明显，难以与跨国机构同台竞争。

建议：推动行业相近、业务相似的机构以资产为纽带，实施跨部门、跨行业、跨区域、跨层级整合，实现资源整合、优势互补，培育一批技术能力强、服务水平高、规模效益好的大型检验检测认证集团。结合产业发展布局，建设一批检验检测认证高技术服务集聚区，促进各类机构集约化发展。

二、推进市场化改革，增强行业发展活力

我国检验检测机构包括事业单位、科研院所、高等院校、国有企业、外资企业、民营企业等多种类型，其中国有及国有控股占比接近50%，事业单位占比超过30%。这部分机构多由国家、省市直至县级主管部门直接举办，有的地级市分属不同部门的检测机构就有上百家，既承担公益性任务又开展市场化经营，定位不清、机制不活、效益不高，发展活力明显不如外资和民营机构。国有检测机构转型发展任务十分紧迫。

建议：坚持政企分开、管办分离，除国家和省级层面根据需要保留少量公益性机构外，推动各级国有检验检测认证机构转

企改制，与政府部门彻底脱钩。进一步放宽检验检测认证市场准入限制，支持社会力量开展检验检测认证业务，积极发展混合所有制检验检测认证机构。加大政府购买服务力度，完善第三方检验检测认证结果采信制度，破除部门垄断和行业壁垒，取消行业性、区域性机构授权、许可、指定等妨碍公平竞争的做法，通过优胜劣汰促进机构做大做强。

三、提高专业化水平，增加中高端服务供给

检验检测认证属于高技术服务业，但全国获得“高新技术企业”认定的检验检测认证机构比例不足4%，大多都没有核心技术或有效专利，以满足基础底线要求的符合性评价为主，或依靠设备“出报告”，业务范围单一，缺乏高附加值服务能力。相关业务主要集中在食品农产品、工业制造、建工建材、机动车、环境监测等传统领域，新技术、新材料、新工艺检测能力弱，对战略性新兴产业服务供给不足。

建议：支持检验检测和认证一体化发展，引导机构加强研发创新投入，从提供单一业务向综合服务转型，提高质量控制和技术评价、技术咨询、标准研制、培训等增值服务比重。鼓励同一专业领域机构通过兼并重组等方式，组建综合性检验检测认证机构。大力推广绿色有机、机器人、物联网等高端产品和健康、教育、电商等领域服务认证，构建服务军民产业融合发展的通用检验检测认证体系。

四、坚持规范化发展，增强行业公信力

除国务院认证认可监督管理部门外，还有10多个部门开展认证项目资质许可，造成一些领域相似认证事项多、整合难，如

目前仍有十多种绿色产品评价制度。一些地方和部门在法定情形以外，将部分自愿性认证与政府补贴、奖励、项目招标等特定业务资质条件挂钩，通过行政手段变成“强制”认证。一些行业协会、社团组织以“认定”“审定”等名目违规从事认证活动，有的机构搞“形式认证”“假认证”，甚至帮助企业弄虚作假，认证变成收钱卖证。

建议：建立国家统一的认证项目审批制度，清理整合相近的认证评价项目，凡已实行国家统一认证的，不再设立类似的技术评价项目。加强检验检测认证市场事中事后监管，采取差别化的随机检查方式，建立全过程评价追溯机制，严厉打击虚假认证、买证卖证等行为，严格落实从业机构和人员连带责任，建立失信惩戒和退出机制，提高检验检测认证有效性和公信力。

五、加快国际化步伐，增强全球市场话语权

我国检验检测认证机构在标准规则、技术能力、品牌影响等方面相对弱势，35项认证认可国际标准中没有1项由我国牵头制定，总体处于“跟跑”位置。我国机构出具的检验检测认证结果国际认可度不高，大量产品在出口欧美甚至部分亚非地区国家时，都被要求换发欧美相关机构的证书，极大增加了企业成本。例如，国外对我国手机的一个产品型号认证检测费用就达到100多万元，大大高于国内机构检测费用。据调查，我国海外工程项目大约85%的检测认证业务需要由国外机构提供。

建议：积极参与检验检测认证国际标准制定，加强与相关国家在合格评定、技术性贸易措施等方面政策沟通，进一步扩大检验检测认证多双边互认范围，推进高铁、跨境电商等新兴领域互认安排，减少各国重复性、歧视性合格评定程序，实现一类

产品、一次认证、国际通行。深化“一带一路”认证认可国际合作，主导发起绿色认证联盟等多边合作机制，增强我国在国际认证市场话语权。

以发展现代物流为重点 推动物流业提效率降成本

——促进新旧动能转换调研报告之十二

张泰

物流业是融合运输、仓储、货代、信息等产业的复合型服务业，是支撑国民经济发展的基础性、战略性产业。加快发展现代物流，推动物流业高质量发展，既是经济高质量发展的重要内容，也是经济高质量发展的重要推动力量。要进一步深化物流业改革和创新驱动，增强内生发展动力，加快新旧动能转换，提升全要素生产率，促进我国由“物流大国”向“物流强国”迈进。

一、加快物流业新旧动能转换任务紧迫艰巨

经过多年发展，我国物流业从无到有、从小到大，目前已经成为名副其实的世界物流大国，主要总量指标均居世界第一或者前列，产业体系初步形成，规模化、集约化进展明显，服务能力显著提升，降本增效持续推进，基础设施条件和政策环境明显改善，发展前景良好。但是，与国际发展趋势和行业持续健康发

展、经济高质量发展的要求相比，也面临不少问题和挑战。

从国内看，传统物流占比过高、现代物流发育不足，存在的主要问题：一是物流业运行质量和效率仍然不高，服务供给能力不强，生产经营成本上升较快，整体盈利能力持续走弱，传统的依靠增加要素投入的增长模式难以为继。二是基础设施相对滞后，现代化仓储、多式联运转运等设施仍显不足，布局合理、功能完善的物流园区体系尚未完全建立，高效、顺畅、便捷的综合交通运输网络不够健全，物流基础设施之间不衔接、不配套、不联通问题比较突出。三是物流业集中度低，物流企业“小、散、杂、弱”特征明显，特别是缺少大型综合性物流企业，企业自营物流比重高，创新能力不足，先进技术难以推广，物流标准难以统一。四是政策法规体系不够完善，条块分割严重，市场秩序不够规范，阻碍物流业发展的体制机制障碍仍未打破。例如，目前以无人飞机、无人配送小车、无人驾驶货车为代表的智能无人设备正处于商业化应用阶段，但相关制度创新严重滞后。

从国际看，国际物流业技术进步迅速，新一代信息技术正在重塑物流运营模式和商业模式，推动现代物流业快速发展，物流业正在进入新旧动能转换的关键期。一是物联网、云计算、大数据、人工智能等新一代信息技术加快应用，推动物流业数字化升级，基于经验的传统管理方式逐步向基于算法规划的数据管理方式转变，业务数据化增效潜力巨大。二是互联网与物流产业深度融合，“互联网+”高效运输、智能仓储、便捷配送等智慧物流模式不断涌现，物流业加速平台化变革，深刻改变行业格局。三是新型大车队运输兴起，甩挂运输、带板运输等单元化运输加快推广，公铁联运、海铁联运等多式联运比重上升，推动货物运输向规模化、智能化发展，大幅提升运输组织效率，改善了行业整体生态环境。四是物流业与制造和商贸企业深度融合，发展服务型制造，整合供应链渠道，共同延伸产业链、优化供应链、提升价值链，全面提高协同化水平，重塑产业体系。五是新型物流基础设施加速网络化、智能化，物流园区、物流中心、物流枢纽等实体物流基础设施加快互联互通，物流云平台、物流互联网、骨干物流网等数字物流基础设施加速共享协同，推动商流、物流、信息流、人流集聚，带动区域经济协同发展。

二、加快推动物流业新旧动能转换的几点建议

推进物流业新旧动能转换，必须加快运用先进技术和运营管理理念，提升信息化、标准化和自动化水平，促进一体化运作和网络化经营，推动建立以新技术、新管理为核心的现代物流体系，全面提高全要素生产率。

第一，着力推进供应链创新与应用。增强供应链管理能力，在供应链上下游企业中推广物流成本核算制度，提高供应链管理精益化水平。加大对全球供应链物流布局和资源掌控支持力度，建设符合全球供应链要求的国际物流服务体系。鼓励供应链与互联网相结合，培育一批上下游协同、智能化连接、面向全球的智慧供应链示范企业和服务平台。

第二，着力加快城市消费物流发展。编制城市物流发展规划，加强城市物流基础设施布局，建设一批公共型的城市物流园区。制定城市建筑物流设施设计规范和配套要求，将物流末端网点纳入公共服务设施。鼓励地方制定城市配送车辆通行管理办法，科学制定城市货运通行规划。鼓励共同配送、夜间配送、集装配送等新模式，提高城市配送效率。重视城市冷链规划建设，通过信息化手段加强全程监控，保证食品安全。

第三，着力培育发展绿色物流产业。放开符合标准的新能源物流车进城通行，加大财政支持力度，做好新能源物流车专项研发和配套保障措施。开展绿色物流技术研究和推广，鼓励支持液化天然气车、仓库屋顶太阳能发电装置等节能装备设施。鼓励支持托盘循环共用，集装箱、挂车租赁等绿色装备共享，协调解决存在的政策障碍。设立国家工程实验室，开展绿色包装共性技术研究应用。

第四，着力推进物流基础设施网络建设。统筹推进国际性、全国性、区域性交通运输物流网络建设，加大中西部地区物流枢纽布局，加强以铁路为核心的物流枢纽建设。推动物流园区、配送中心、末端网点等多级物流网络与综合运输体系互联互通，重点推动铁路入港、入园、入区，加强联运转运设施建设。促进物流园区之间的互联互通，引导物流集聚区和产业集聚区加强衔接和联动融合，在构建物流大网络的基础上形成经济大走廊。加强对数字物流基础设施支持力度，设立专项研发基金和示范工程，引导物流基础设施线上线下融合发展和协同共享。

第五，着力完善物流业促进政策。制定智能物流技术专项规划，编制智能物流技术指引和路线图，设立国家和地方专项工程实验室，支持重大智能物流技术和装备的科技攻关。开展物流降本增效综合改革试点，切实降低企业税负、减轻行业收费、便利货运通行、加大用地保障、减少行政审批，进一步降低制度性交易成本。推动物流业管理创新，广泛采用标准化操作和专业化管理方式，推广“零库存管理”和“准时制生产”等先进物流管理模式，提高从原材料供应采购到产成品销售直至送达用户的全过程物流效率。

支持高成长性企业发展壮大

——促进新旧动能转换调研报告之十三

刘一鸣　苑衍刚　邢建武

近年来，我国一大批高成长性企业迅速崛起，成为实施创新驱动发展战略、促进新兴产业发展的重要力量。近日，就高成长性企业发展情况进行了调研。将情况和建议报告如下。

一、高成长性企业的发展趋势

一般来说，在我国高成长性企业包括独角兽企业（成立时间不超过十年，获得过私募投资且尚未上市，估值超过10亿美元的企业）、隐形冠军企业（在国内外细分市场领域中排名前三、在高端制造的关键材料、核心零部件或先进服务模式上具有领先地位，并不为大众所熟知的中小企业）、瞪羚企业（创业后跨过死亡谷，以科技创新或商业模式创新为支撑，进入高成长期的中小企业）、黑科技企业（掌握颠覆性突破性新技术，研发生产出高技术产品并迅速占领市场，引领新兴产业变革、颠覆传统产业格局的企业）等类型。他们的共同特点是发展速度快，具有高增值能力并带来高效益，处于行业前沿并能引起行业变革。根据某机构发布的独角兽研究报告，2017年，全球有252家独角兽企业，中国有98家，占比38.9%，全球第二，在全球估值前10名的独角兽企业里，中国有5家。其他的隐形冠军企业、瞪羚企业、黑科技企业都在大量涌现。这些高成长性企业的快速发展，正在加快重塑中国经济的增长格局。

从调研情况看，高成长性企业在促进新旧动能转换、增强发展内生动力上发挥出越来越重要的作用。它们一方面代表着“增量崛起”，在塑造更多依靠创新驱动的引领型发展上走在前列。例如，某医疗设备企业掌握相关高端医疗设备整机技术和核心部件技术后，彻底改变了过去国内相关市场被国外企业垄断的格局，成为行业领航者。另一方面，高成长性企业也在促进着“存量变革”，成为推动互联网、大数据、人工智能和实体经济深度融合的排头兵，不断释放出新动能接续代替旧动能，带动传统产业浴火重生。例如，某工业互联网企业专注于打造面向机加工领域以及数据驱动的一站式工业服务平台，推动传统装备加工制造流程实现转换升级，塑造全新的制造互联共享生态，从而实现新旧动能转换。

二、高成长性企业发展面临的问题

总的看，高成长性企业受益于一系列重大改革举措，特别是“放管服”改革带来的综合效应，实现了较快发展。但仍面临不少发展门槛和制度障碍，政策上也有不少堵点、痛点、难点。

一是市场准入仍然存在不少壁垒。企业反映，有关部门对新产品新材料上市、进口等审评审批流程长、时间久、门槛多、成本高，经常导致企业丧失宝贵的市场机遇。比如，部分行业的配置许可政策造成新品上市应用难。某医疗设备企业反映，大型医疗设备配置许可有明确配额，企业斥巨资研发的创新性高端医疗设备仅能获得少量配置许可证，面临无法进行广泛临床应用的困境。再如，实验材料进口前置审批影响了企业研发创新速度。某企业反映，医药研发所需实验材料的特点是量少但种类多，需求随机性大，需要分别报关，导致进口耗时较长，实验项目不能与国际同步开展。

二是对“四新”的包容审慎监管还没有真正落实到位。高成长性企业多与新技术、新产业、新业态、新模式密切相关，但是现有监管方式往往因循旧例、对号入座，难以包容“四新”发展。例如，对汽车行业的监管主要是将研发、生产和销售捆绑，将品牌和制造环节捆绑，但一些新近进入汽车行业的“互联网造车”企业，选择了与现有汽车企业进行生产合作，这种新的生产组织模式的产品质量到底是由制造方还是品牌方主要负责，这个问题如不尽快解决，将对企业发展带来很大影响。大量的“互联网+”、跨界交叉融合类企业和平台类企业更是经常遭遇身份尴尬，现行工商登记、税务等目录对新产业新业态新模式无法及时归类管理。对同一业态，各地可能分别登记为企业类、事业类、民办非营利性等，而归入不同门类直接影响企业的税负。

三是科技创新缺乏资金、空间和平台支持。现有融资政策难以满足企业需求。不少企业反映，由于研发周期长、投资大，企业上市融资很难符合销售业绩等非创新类指标，再加上知识产权质押贷款落实难，造成资金缺口较大，以致不少企业只能通过抵押个人房产、车辆去贷款。技术落地面临空间限制。新技术成功研发后，受环保政策影响以及环境承载力有限、人力成本高等限制，在进一步扩大发展上面临空间不足的瓶颈问题。例如，有的地方就出现了不少高成长性企业在项目产业化实现后就搬离当地的情况，造成“墙里开花墙外香”的局面。缺乏功能性平台支持。不少企业反映，无法完全依靠自身发展的盈利积累来完成技术的升级换代，在衔接产业链与创新链、促进科技成果转化上仍然存在盲点，亟须相关的公共创新与孵化平台以及融资服务机制等提供支撑。

四是行业标准建设滞后。高成长性企业发展之快，远远超出现行法规和标准制度的约束范围，不少领域甚至根本就无法可依。比如，我国有些企业具有全球领先的某项医疗技术，但我国对其临床研究没有明确的管理办法，没有应用研究和产品认定规则，使这一技术迟迟无法产业化。而全球已经批准20多个相关治疗产品上市，欧美日韩等国都出台了政策，我国原本在这一领域领先的技术研究面临着被超越的威胁。既有的行业规范也有待统一。某企业反映，不同医院的临床试验过程在合同、伦理审核等方面要求不同，国家对此没有统一规范，造成企业花费很多时间去准备材料和跟进流程。部分行业标准与国际相关标准不统一。某企业反映，医药领域的部分标准与国际通行行业标准尚未做到协调和统一，不利于新产品在国际上快速上市，同时也增加了企业申请专利的负担。有企业反映，有的部门要求没有标准产品就不能投入市场，而标准不经过市场经营也制定不出来，实际上成了鸡生蛋、蛋生鸡，新事物还未成长就被扼杀在摇篮中。

五是公平竞争环境有待进一步优化。企业反映强烈的，是招投标中对国产自主创新产品的隐形歧视。许多国产品牌性能优于国际品牌，价格更便宜，但现行招投标按体量、案例、市场占有率等指标衡量，而不是重点考量技术水平、匹配程度等，国产品牌往往被排除在外，使初创企业很难打响占领市场的头一炮。某企业反映，部分单位在招标过程中设置了不利于采购国产产品的招投标参数，国产产品被强制分组招标，且价格被要求低于同类进口品牌至少30%，加之消费者普遍存在价高质优的心理，使得国产产品推广难度大大增加。

三、相关建议

第一，深化“放管服”改革。要坚决为企业发展打开便利之门，探索保税研发模式，通过加工贸易手册方式实现研发用材料的保税进口，编制专属通关编码，解决实验用材料通关问题。着力加强事中事后监管。凡是技术工艺成熟、通过市场机制和事中事后监管能保证质量安全的产品，研究取消生产许可；对实行配置许可的行业进行配额调整和优化，有效地帮助国产创新设备和技术尽快获得应用和验证的机会。持续推广“负面清单”管理方式。积极营造支持改革、宽容失败的浓厚氛围，鼓励企业把容错机制写入公司章程，解放思想、大胆创新、先行先试。

第二，探索开展高成长性企业培育工程。选取具有代表性的高成长性企业开展相关政策、创新资源等对接服务，根据试点企业融资需求，帮助其通过知识产权质押融资等获得银行中长期借款。优先支持试点企业与相关企业、科研院所、高等院校共建研发机构，开展研究开发、概念验证、中试熟化与产业化开发。研究将软件、专利、试验、检测等“软投入”支出纳入政策支持范围。

第三，推进研发与成果转化功能型平台建设。通过功能性平台支撑产业链创新，形成对产业链各环节研发与转化过程的技术服务供给；支撑重大产品研发与转化，开展共性关键技术和产品攻关及应用；支撑创新创业，以资源汇集和专业科技服务为抓手，为各类创新创业活动提供引导和支撑。

第四，强化标准建设。协调国内标准与国际通用标准，在不损害国家利益的前提下，推广采用国际通用标准。鼓励有条件的高成长性企业和研究机构参与新兴行业标准制定工作，从而加快相关标准的出台，进而规范市场。

第五，开展国产产品质量和效能一致性评价。建议按与进口产品质量和效能一致的原则，分期分批进行质量和效能一致性评价；对达到与进口产品质量和效能一致或超越水平的，列入国家推广目录，并在产品准入审批、政府采购等方面给予相关政策支持。

推动我国数字经济发展的政策建议

王敏瑶　许金华　潘教峰　姬强　夏炎

近年来，我国数字经济快速发展，电子商务和移动支付交易额遥遥领先，并孕育了全球三分之一的“独角兽”公司，我国已成为全球数字经济大国。然而，与美国等数字经济强国相比，我国数字经济发展仍然面临许多不容忽视的问题，亟待补齐短板、加速发力。

一是“数字鸿沟”可能加剧发展不平衡。中国信息通信研究院报告显示，2016年，广东、江苏、浙江三省数字经济规模均超过2万亿元，三省总量占全国数字经济总量的三分之一；而宁夏、新疆、云南等十个省份数字经济规模普遍在3500亿元以下，十省总量仅占全国的12%。三次产业之间数字经济发展同样很不平衡，服务业数字经济发展较快，而农业和工业的数字经济则相对滞后很多。据测算，服务业的信息和通信技术（ICT）中间投入占中间总投入的比例达到10.08%，而在农业和工业，相应比例仅为0.44%和5.56%。

二是生产领域的研发和应用不给力。目前，我国数字经济主要应用于消费端，在数字技术创新、设计研发、生产制造等核心环节与发达国家有较大差距，核心技术空心化、价值链低端化、产业链下游化问题越来越突出。据测算，2016年我国97个生产部门中，ICT中间投入占中间总投入的比例低于0.5%的部门多达55个。以农业领域为例，生产端数字经济平均占比仅为6.2%，远低于服务端18.6%的占比。虽然在移动互联网、大数据、人工智能和云计算等领域我国有不少企业，但大多热衷于商业模式创新，掌握核心技术的偏少。在通用芯片、基础软件、智能传感器、工业机器人上游零部件等底层共性关键技术节点上，多数技术仍受制于人。国家信息中心《中国大数据发展报告2017》显示，超过七成的政府投资集中在服务类、平台类建设项目上，用于数字技术研发的投资不足5%。

三是局部泡沫化现象需要引起重视。近年来，数字经济中的生活服务领域投融资规模迅速增长，娱乐、家政、出行、购物、送餐等低技术含量行业受到资本市场追捧，有的甚至估值过高，一旦遭遇“资本寒冬”，很容易因资金链断裂而带来风险。一些产业发展以“数字化”为噱头，仅仅是对个别终端环节作了数字化改造，虚化、泛化问题比较突出。据统计，我国和美国的大数据投融资规模居世界前两位，但投融资结构很不相同。我国偏向于大数据行业应用，2016年上半年，超过九成的投资集中于此；而美国则侧重于大数据技术研发，包括数据分析、数据应用、数据安全和数据工具开发等，同期超过70%的投资集中在技术研发领域。

四是众多传统企业有被数字化浪潮淘汰的风险。从现实需要看，越是传统企业越应当加大数字化转型力度。然而在现实中，传统产业转型往往面临“内外交困”的“两难”局面，跟不上数字化潮流。从内部来看，传统企业一般具有自上而下的组织体系和严密的科层结构，在有效统筹线上线下资源、推动生产方式的智能化转变、应对消费者个性化需求方面，大多反应迟缓。从外部来看，互联网巨头可以轻松打破以往“隔行如隔山”的行业壁垒，进行横向兼并重组，行业外的新生力量可以“异军突起”挑战传统企业。比如挑战数码相机行业的是智能手机，挑战电信行业的是即时通讯软件，挑战银行业的是移动支付企业。拥有数据优势的企业可以在短时间内抢占市场份额、重设行业标准、掌握产品定价权，使传统企业无力转型。

五是政府治理能力不适应数字化挑战。数字经济时代的企业大多采取平台模式运行。平台汇聚了千万级的商家资料、数十亿的消费者数据，具有跨界融通的显著特点，传统条块分割的垂直管理体制难以适应，容易出现监管空白或者政出多门，这也是各国政府普遍遇到的治理难题。2018年3月被爆出的脸书（Facebook）超过5000万用户信息数据泄漏事件，暴露出了数字安全方面存在的巨大管理漏洞和监管盲区。就我国而言，2018年接连出现的互联网金融、网约车等方面的“乱象”，凸显了传统监管体制和监管模式与新技术、新模式之间的“不兼容”。

应该看到，我国数字经济发展还有很大潜力可挖。根据2016年世界银行“数字技术普及应用指数”对131个国家的排名，中国位居第50位。日本早稻田大学最新发布的“2017年数字政府总体排名”中，中国位居第44位。从人均信息消费水平看，2017年我国只有520美元，不足美国的1/8，日本的1/6。当前要充分借鉴国际经验，探索出一条适合我国国情的数字经济发展道路，尽快将巨大潜力转化为发展优势。

一要强化数字经济发展的顶层设计。数字经济发展涉及多部门、多领域、多行业，缺乏统筹规划可能导致政出多门、政策效果相互抵消，甚至带来资源的浪费。美国、欧盟、日本等发达经济体纷纷将数字经济发展确立为国家战略，这也有利于宣示推动数字经济发展的坚定决心，促进企业界在技术研发、商业应用等方面形成稳定预期。建议国家层面制定数字经济发展战略，部署数字经济行动计划和重点领域，推动构建数字经济产业体系，对完善基础设施、促进数据开放、改善政府治理等提出明确要求。顶层设计还应对多头管理、数字鸿沟等问题提出针对性举措，统筹协调各部门职责，支持经济欠发达地区和传统产业发展。需要指出的是，加强顶层设计并不是要让政府越俎代庖，要充分发挥市场在资源配置中的决定性作用，以优越的制度环境吸引创新资源汇聚，调动企业投身数字经济的积极性主动性。

二要加快数字技术研发创新。现在各国都在数字技术研发方面加紧布局、强化攻关，如果我们不能把关键核心技术自主权掌握在自己手里，我国数字经济就难以发展壮大。建议系统梳理数字技术底层共性关键技术清单，多元化加大“卡脖子”数字技术的研发投入，努力抢占国际竞争制高点。数字技术具有典型的去中心化特征，需要分布式创新单元的广泛参与、多样性研发团队的彼此碰撞、多种技术路线的相互竞争，技术研发需要充分发挥市场在技术路线、要素使用、资源配置等方面的决定性作用。要改善创新环境，在科技投入、税收优惠、知识产权保护、人才引进等方面给予创新主体政策支持，激发企业和科研院所的创新活力，在市场竞争中脱颖而出，变“选马机制”为“赛马机制”。

三要完善多元共治的数字经济治理机制。数字经济促进了跨行业、跨区域、线上线下、公共服务与私人服务的深度融合，特别是平台模式的广泛应用，使得传统经济形态下的治理方式和监管模式往往“水土不服”。建议紧紧围绕“治理主体是谁”“治理机制如何建立”“用什么手段治理”等关键问题，构建多方参与的立体化治理平台，完善平台企业的自我约束机制，利用大数据、云计算等技术手段提高监管效能。数字经济发展蕴含着大量不确定性因素，要加强前瞻性研判，促进社会学、伦理学等领域研究与数字技术开发的融通发展，完善风险预警和管控机制。

四要以“数字政府”建设引领数据资源开放共享。发达国家纷纷提出打造数字政府，一个重要原因在于树立标杆和示范，推动数字技术的全面渗透。建议推进政府数据资源的整合、共享和开放，打破政府各部门信息孤岛，实现政府数据信息的融汇应用，以政府数据开放带动各行业各领域的数据资源广泛共享。要以数字政府建设为契机，推动行政模式重塑和部门协同治理，促进“互联网+政务服务”为公众提供定制化、个性化、便捷化的服务，全面提升公众参与公共决策的效率和质量。

五要促进数字技术与制造业和社会服务业的深度融合。与发达国家相比，我国数字经济的应用还集中在产业链下游和消费端。要推动数字技术与实体经济的深度融合，避免“脱实向虚”，促进物联网、云计算、大数据、人机智能交互等新技术、新装备的应用。政府投资要主动向周期长的生产、技术类创新领域倾斜，带动企业和社会投资。民生领域的数字化应用也是数字经济的重要方面。比如，在卫生健康领域，通过大数据分析可以提高预防的前瞻性、诊断的精准性和治疗的针对性。在教育领域，虚拟现实等技术让边远贫困地区的孩子也能够领略外面世界的多姿多彩。要深入推进“互联网+医疗”“互联网+教育”，在此基础上，探索数字技术的多样化应用，让数字红利更好造福百姓。

亟须加快培养支撑智能制造的软件人才

刘若霞

软件正加速从信息通信技术领域向制造业领域延伸，成为新工业革命和信息革命的新标志。软件是知识和技术高度密集型产业，其发展的关键在人才，而人才培养和人才优势的形成往往经过一段较长的时间，需要我们高度关注产业发展新形势、新变化、新方向，尽早部署软件人才培养。

一、加快培养支撑智能制造的软件人才是制造强国建设的迫切需要

智能制造是未来制造业发展的主要趋势，对我国软件人才培养提出新的更高要求。支撑智能制造的软件人才是建设制造强国的重要力量，加快培养这方面的软件人才是推动经济高质量发展的新命题、新任务。

第一，软件人才需求将大幅增加。近几年，软件业务收入保持较快增长，软件和信息服务业从业人员达到584万人。但与一些发达国家相比，软件产业规模、利润总额、从业人数等差距明

显，未来增长空间巨大。随着中国制造2025战略实施和智能制造推广普及，工业软件增长较快。2017年1—10月，我国工业软件产品增长17.6%，增速快于全行业3.7个百分点。工业软件将迎来增长爆发期，对软件人才的需求也将大幅增加。据预测，我国新一代信息技术产业2020年的人才缺口将达到750万人，其中最紧缺的是软件人才。目前我国高职院校每年培养软件及相关专业人才不足80万人，人才培养规模存在较大缺口。

第二，软件人才培养更加注重跨领域融合。软件很大程度上决定着制造业产品的结构与功能、制造企业的管理流程、生产方式和核心竞争力。越来越多的制造企业高度重视软件开发与应用。不同领域相互渗透，边界越来越模糊。工业技术软件化需要既懂工业领域业务又掌握软件技能的人才，先进计算、人工智能等领域的突破也离不开软件人才的核心支撑。软件人才应具备跨领域融合能力，相应也需要制造企业、软件企业与高职院校等多方主体协同推进软件人才培养。

第三，软件人才培养需构建全员化生态。软件迈入工具化普及的新阶段，每一个生产者都应具备基本的软件使用和开发能力。软件人才培养需打破相对独立、封闭、分割的传统模式，构建更加开放的全员化生态。在国民教育方面，要重视软件编程的基础教育，厚植软件人才培养土壤，提高全民软件使用和开发技能；在专业人才培养方面，需重视建立开源社区，以应用市场聚集专业开发者队伍。此外，还应在全球范围引进和培养高端人才，提高软件人才国际化水平。

二、我国软件人才培养存在的问题及原因

目前，我国培养软件人才主要是在高等教育或职业教育阶段

设立相关专业，人才培养规模远不能满足市场需求，尤其是工业软件人才极度缺乏，领军型人才、高技能人才急缺；产教融合不够深入，教育实践环节薄弱，重理论而轻应用；全社会对软件的重视程度不够，全员化人才培养生态尚未形成。

第一，我国软件人才培养缺乏顶层设计。一是政策制订滞后于发展需要。2003年教育部制定出台了《关于加快软件人才培养和队伍建设的若干意见》，然而软件产业发展日新月异、软件应用日益广泛，对人才培养不断提出新要求，需要与时俱进地完善相关政策举措。相比，近两年韩国发布《软件革新战略》《软件中心社会实现战略》等，不断强化软件人才培养的重要地位和战略引导。二是配套政策不完善。一些发达国家在制订软件人才培养政策的同时，还通过移民、就业等政策吸引软件人才。而我国软件人才引进的重点领域、配套政策等还不完善。三是软件编程未纳入基础教育。英国、韩国等都已将软件编程规定为中小学必修课，并从数据与信息、计算设备与系统、编程与算法等方面制定了课程标准。我国2000年发布《关于在中小学普及信息技术教育的通知》和《中小学信息技术课程指导纲要（试行）》，近17年未更新。目前我国中小学计算机基础课程未涉及软件编程等内容，在目标任务、课程设置、教学内容等方面都与现阶段发展不符。

第二，制造企业缺位成为制约产教融合的症结所在。2001年和2003年，我国先后批准建立37所示范性软件学院和35所示范性软件职业技术学院，吸引了一批软件企业积极参与软件人才培养。然而，工业技术软件化将工业技术、知识、经验等以软件形式封装、承载、应用和迭代更新。工业软件的开发只依靠软件企业难以实现，关键在于对制造领域业务有深刻认识的工业企业。

工业软件人才培养也不能仅靠软件企业与高校合作，制造企业的作用不容忽视。目前，一些企业通过联合招聘、共建团队等方式，培养具有跨领域融合能力的软件人才。在国家层面，应加快建立产教融合的工业软件人才培养机制。

第三，开源生态短期难以形成。为促进先进制造技术与软件开发技术融合，有的跨国公司向社会开放平台，聚集上万软件人才，开发上百种工业APP，以巨大的工业APP应用市场聚集全球人才。现阶段，我国围绕工业软件的开源社区建设处于空白，软件开发群体规模和专业化能力差距显著。同时，我国在协议转换、协议兼容和数据标准等领域十分薄弱，加上制造企业尤其是中小企业两化融合水平不高，专业的工业APP应用较少，数字化改造成本不低等因素，建立工业软件的开源社区、打造开发者队伍存在较大障碍，严重制约了工业软件人才的聚集和培养。

三、几点建议

培养支撑智能制造的软件人才既要遵循软件产业发展和人才培养客观规律，又要满足新一代信息通信技术与先进制造技术渗透融合对软件人才的新要求，探索建立软件人才培养新模式。

一要加快制定实施《软件人才培养优先行动计划》。按照培育急需紧缺人才要求，明确软件人才培养的思路、目标和任务，坚持培养和使用相结合，坚持教育和培训相结合，坚持引进来和走出去相结合，促进基础教育、高等教育、职业教育和专业培训有机衔接，促进产教深度融合，加强软件人才培养顶层指导。

二要重点开展面向制造业领域的软件技能培训。加大培训力度，提高制造业主管部门领导干部、大型制造企业管理人员和一线生产职工的软件意识和软件技能。鼓励制造企业与软件企业通过联合招聘、互派工作人员、共建项目团队等模式，探索工业软件人才培养合作与创新。

三要引导制造企业参与软件人才培养。充分调动制造企业在软件人才培养中的积极性，支持制造企业与软件企业、高校或职业学校深化校企合作，共办软件学院或职业教育集团，共建实习实训基地。推动制造企业、软件企业深度参与相关专业教学标准和人才培养方案制定、教学资源开发、教学评估和认证工作等。

四要加强软件人才国际交流合作。依托新型工业化示范基地等，建设一批工业软件园，吸引和集聚领军型人才回国（来华）从事软件设计、开发等创新创业活动。鼓励有条件的企业设立海外软件研发机构，在全球范围配置高层次软件人才。鼓励高职院校、研究机构等开展软件人才培养国际交流合作。

五要构建开放的软件人才培养生态。尽快将软件编程纳入中小学必修课程，明确软件基础教育的目标、任务和内容，厚植软件人才培养土壤。支持制造企业和软件企业跨界联合，围绕工业软件开发需求，建设共性开源技术、代码和开发工具的开源社区，建立集体开发、合作创新、对等评估的研发机制。加强宣传引导，发挥行业协会、联盟组织等平台作用，鼓励开展软件设计大赛、工业软件技能大赛等，营造软件人才培养良好氛围。

高度重视解决五大矛盾问题 促进制造业持续稳定增长

——当前工业经济运行情况调研报告

张泰　邢建武　胡成　刘若霞

2018年以来，我国工业开局良好，运行总体平稳，地区分化有所好转，产业结构持续优化，企业效益继续改善。但是，稳中也有忧。一是制造业增长放缓。1—3月，制造业同比增长7%，增速比上年同期和全年分别回落0.4和0.2个百分点。其中，装备制造业增长8.8%，分别回落3.2和2.5个百分点。二是行业效益分化明显。1—2月，制造业利润增速比工业整体低3.6个百分点。特别是典型下游行业全部利润仅增长5%，装备制造8个分行业全部出现利润增速下滑。三是投资增速再次走低。1—3月，制造业投资增长3.8%，比上年同期和全年分别回落了2和1个百分点，仅比10年来增速最低的2016年第三季度高1个百分点。不少地方还反映，企业在建项目、新开工项目的计划投资增速也在下滑甚至负增长，这可能会影响后三季度乃至2019年的投资和发展。

调研中各方普遍认为，我国制造业正处于转型升级的重要时期，必须保持必要的增长速度。但从目前情况看，制约平稳增长的因素不少，有些矛盾问题可能还会更加突出，需要高度重视、积极应对。综合各方面观点和我们的判断，这些矛盾问题主要包括：

第一，能源原材料价格过快上涨。各方普遍认为，这已严重侵蚀制造业下游行业利润，是其效益下滑的首要因素。从PPI数据看，这种情况上一年就已出现。2017年，采掘业出厂价格同比上涨20.7%、原材料工业上涨11.5%，但加工工业仅上涨6.1%，耐用消费品工业下降0.1%。2018年一季度虽然有所好转，上游行业价格涨幅降至6.1%，加工工业回落到4.3%，耐用消费品下降到0.2%，但上下游行业价格涨幅的“剪刀差”仍然过大，利润分布严重失衡。以最突出的电子设备行业为例，1—2月每百元收入中的成本从89.2元上升到90.1元，利润率降至2.1%，成本增加侵蚀利润率近1个百分点。汽车、船舶、电气机械等行业成本增加对利润率的影响，也分别达到0.6、0.7和0.3个百分点。

我们建议：应进一步加强和改善宏观调控，既要把上游产品价格涨幅控制住，也要为下游行业开辟新需求特别是中高端需求，增加高附加值产品比重，加快改善行业效益，促进均衡发展。一是坚持用市场化、法制化手段去产能。大力破除无效供给，扩大优质增量供给，实现供需动态平衡，保持上游产品价格基本稳定。二是进一步扩大高附加值工业品市场。重点是：（1）持续推进网络提速降费，制定三年行动计划，出台千兆家庭网关等政策支持。（2）督促地方落实取消二手车限迁政策，加大电动车充电设施建设支持。（3）完善农机具、船舶等报废更新政策，加大对中高端产品支持。三是加快培育新兴需求。抓紧明确5G频率规划和牌照政策，进一步完善装配式建筑、智能网联汽车发展政策，引导和稳定产业预期。

第二，发展后劲不足。突出表现在制造业投资信心减弱、意愿下降、增速低迷。2011年以来，我国制造业投资增速一路下滑，2017年仅为4.8%，比2011年回落27个百分点。2018年以来情况并未好转，一季度制造业投资增速回落，更需要注意的是，在全社会民间投资增速回升的情况下，制造业民间投资增长反而放缓0.8个百分点，降至4.6%。我们认为，随着我国经济转向高质量发展阶段，投资增长相对放缓是必然的，但当前投资增速过低，影响到了企业预期和发展后劲，则应引起高度重视。

另外，调研中还发现，随着产业转型升级向纵深推进，目前企业投资构成也在发生变化，装备智能化升级、工业互联网建设及APP开发、购买云计算大数据服务等软投入快速增长，但其中很多不属于固定资产投资统计范围。以东部某市为例，2017年工业投资861亿元，增长0.5%，但软投入达490亿元，如将其纳入统计，投入总规模增长约3.6%。因此，使用固定资产投资来反映企业实际投资水平，可能存在一定程度的低估，这种趋势今后还会继续发展。

我们建议：一是加大技术改造支持力度，推进企业“机器换人”和关键装备、节能环保装备更新改造。尽快启动工业互联网相关工作，支持企业扩大软投入，着力推进工厂网络升级、数字化改造、企业上云用云等先期可开展的基础性工作。进一步完善和扩大加速折旧、研发费用加计扣除、投资抵免等政策。二是抓紧启动新材料、机器人等科技重大专项，推动相关领域新技术工程化开发和产业化推广，培育新的增长点。三是推动鼓励民间投资相关政策加快落实落地，加强产权保护，优化投资环境和营商环境，推动民间投资增长。四是改进投资统计制度，科学设置软投入指标体系，全面反映工业投入规模和结构，引导预期，增强信心。

第三，融资难融资贵再度抬头。融资难融资贵是老问题，但2018年更趋突出。从货币供应看，2018年3月末M_2同比增长8.2%，增速比上年同期下降1.9个百分点，处于历史低位。从贷款看，一季度末金融机构对实体经济的人民币贷款余额比上年末增长了4.1%，但对制造业贷款仅增长1.8%，支持力度相对偏弱。融资环境趋紧，一是影响生产经营、加大金融风险。地方普遍反映，2018年企业财务负担已再次加重，现金流明显吃紧。比如东部某省，规上企业1—2月财务费用增长27.6%，同比提高26.4个百分点；一季度流动资金缺口超10%的企业占比达到20.4%，增加8.2个百分点。企业遭遇还旧不贷新、甚至抽贷压贷的情况明显增多，资金链断裂风险凸显。中部某省反映，2017年全省制造业应收账款高达4314亿元，较贷款余额高出855亿元，比2015年增长了12倍。二是制约扩大投资、不利长远发展。从近几年中长期贷款投向看，2013年制造业占比为11.2%，五年来一路下滑，2017年已降到7.4%。不少地方反映，2018年一季度制造业贷款比重仍在继续下降，这与制造业增加值占GDP约29%的比重很不匹配。目前，制造业投资资金来源中，国内信贷比例不到7%，远低于全社会投资11%的平均水平。

各方普遍表示，希望进一步明确制造业在实体经济中的重要地位作用，金融支持实体经济的重点要切实放在制造业上。**我们建议：**一是加大金融支持力度。适当调整监管要求，将制造业贷款规模列为引导性指标，加强相关数据发布，引导金融机构不仅要加快“脱虚向实”，更要向制造业倾斜。二是加大短板领域支持力度。适当加大抵押补充贷款（PSL）、中期借贷便利（MLF）

等工具的定向投放，重点支持等战略性产业和领域。三是加大小微企业扶持力度。探索建立发展专业化商业银行、专业性融资平台和融资担保机制，完善政策体系，有效解决小微企业融资难。

第四，各类负担依然偏重。地方和企业普遍反映，近年来降低实体经济负担取得了积极成果，但仍大有潜力可挖。比如减税降费，很多企业表示，目前与生产相关的各种税费如教育费附加、城市维护建设税以及各种基金收费等还比较多，希望能进一步精简合并，适当降低税费率。比如清理中介收费，企业反映，目前审批事项大幅精简，但仍有不少中介服务与行政审批暗中挂钩，不仅垄断严重、收费高昂，服务质量也不高，特别是涉及能评、环评等的收费依据是投资总规模，但实际工作量却与投资规模关系不大。比如降低电价问题，一些省份呼吁进一步扩大直供电规模，降低企业用能成本。

我们建议：要进一步加大工作力度，持续深入推进减税降费。减轻非税负担方面，重点抓好评估中介收费清理，取消不合理收费项目，降低收费标准；继续实施阶段性降低“五险一金”缴费比例，鼓励各地因地制宜加大调整力度，缓解人工成本上涨压力；推进电力直接交易，扩大电力现货交易，降低电网环节收费和输配电价格，推进物流降本增效，进一步降低企业用能、物流等成本。减轻税收负担方面，继续推进结构性减税，对当前比较困难的农机、电工电器、机床等行业，在一段时期内实行增值税先征后返政策；对铸造、锻压、热处理等行业加大减税降费力度，缓解企业成本压力。

第五，劳动力供给又趋紧张。调研中发现，前两年有所缓解的招工难，2018年又开始普遍出现，无论是东部发达地区，还是中西部传统劳动力输出大省，都存在劳动力供给不足问题，技术人员和一线普工短缺，工资和“五险一金”等成本支出上涨较快。一些劳动密集型企业还反映，随着产业转型升级加快，我国高等教育、职业教育人才培养与企业实际需求不相匹配、结构性失衡问题更加明显。有协会反映，目前新生代劳动者的求职取向发生了明显变化，铸造、锻压、热处理等基础行业，招工难问题最为突出，相关培训教育力量也在不断萎缩。

我们认为，人口老龄化带来劳动年龄人口加速减少，直接制约劳动力供给，影响范围广、解决周期长，必须及早谋划、统筹解决。当前要着力抓好以下工作：一是加快研究确定延迟退休方案，多渠道提高适龄人口劳动参与率。二是积极推广“双元制”教育，在用地、财税、金融方面加大对企业兴办职业培训教育的支持。三是引导各地更新城市规划理念，完善工业园区、产业集中区内生活娱乐、服务配套设施，提高制造业对新生代劳动者的职业吸引力。

推动我国有色金属工业高质量发展需要解好“四忧”

郭道锋　王巍

有色金属工业是我国国民经济重要的基础原材料产业，既与群众生产生活息息相关，也对国防军工、航空航天、电子信息等领域发展至关重要。当前，我国已成为世界最主要的有色金属生产国和消费国，其中铝产量和消费量占全球50%以上，铜、锌、铅、锡等产量和消费量大都达到全球的40%以上。经过多年发展和供给侧结构性改革的持续推进，行业市场化程度不断提高，电解铝等产能无序扩张也得到一定程度遏制。但与发达国家相比，我国有色金属工业在资源保障、技术创新、产品结构、企业综合实力等方面仍有较大差距，尤其存在“五忧”亟待解决。

一、资源保障存忧

随着多年来国内有色金属矿产的持续开采，相关资源储量减少、日益匮乏。业内人士介绍，现有国内矿山大部分开发难度大，采出的矿产品位也不高，比如国产铝土矿的铝硅比远逊于前些年，导致生产效率有所降低。这种情况下，企业走出去获取更多海外资源成为必然选择。据了解，目前除了铅、锌和稀土等少数品种外，大部分有色金属资源供给对外依存度都很高，如铜精矿、铝土矿分别高达80%和50%左右。但在企业走出去过程中，一方面由于实力偏弱，在掌控获取优质资源方面难以与一些国际矿业巨头竞争；另一方面国内不少企业通常各行其是、同质化乃至恶性竞争问题突出，从而推高成本、分散资源，影响国家整体利益和产业竞争力提升。

二、产业格局存忧

当前我国有色金属行业集中度低，整体竞争力不强，低端产品产能过剩，需要加快转型升级步伐。

一是总量上缺控制。比如，目前国内氧化铝产能超过8000万吨，年内预计仍有超过300万吨的新产能建成具备投产条件。据了解，还有一些企业未来将在部分沿海港口地区规划氧化铝产能超过2000万吨。在电解铝产能指标实行总量控制的条件下（到2020年，国内合规电解铝产能将不超过4500万吨），这些氧化铝项目一旦实施，将会对市场产生极大冲击，也将对上游资源保障和下游电解铝、铝加工等产业的有序发展造成不利影响。铜冶炼也存在过快增长态势。2017年底，我国铜粗炼和铜精炼产能分别为655万吨和1106万吨，约占全球50%。按照现有开工项目估算，预计到2020年，两者还将分别增长35%和20%以上，再加上拟建项目，产能规模可能更大。同时，国外铜矿山企业也计划新增铜冶炼产能。有机构预测，未来7—10年我国铜消费将达到峰值，国内铜冶炼产能过剩风险值得关注。

二是结构上偏低端。从海外市场看，我国有色金属出口产品大而不优，主要是初级制品，高端材料供给能力有限。从国内市场看，民机铝材、高纯铝靶材等需求难以满足，大都需要从国外进口，芯片用引线框架等高新材料质量与国外同类产品相比也有不小差距。

三是布局上不合理。比如电解铝行业，一方面由于电价洼地效应，40%的产能聚集在京津冀及周边地区，环境容量严重不足，减排压力巨大。另一方面山西、贵州等具备煤炭、铝土矿资源的地区，因用电价格高，难以形成煤电铝材一体化的产业集群，迫使不少企业远赴新疆、内蒙古建厂。

三、市场秩序存忧

目前，国内有色金属产业布局分散，各类市场主体规模和技术水平各异，这虽然反映出市场化程度较高的特征，但因为行业集中度低，无序竞争时有发生，产业的规模效应和竞争优势难以有效发挥。其中，仅国内电解铝、氧化铝生产企业就有40多家，电解铝生产企业中的央企、地方国企和民营企业产能比例约为2∶3∶5。据了解，近年来民营电解铝企业之所以发展迅速，与其新增产能采用自备电比例较大从而享有成本优势密切相关。从用电价格来看，全国电解铝企业网电的算术平均电价0.38元/度，而使用自备电算术平均电价约在0.32元/度，网电成本高出自备电成本近20%，如有些地区民营企业采用自备电厂和局域电网的供电模式，电多了配铝，铝多了配电，造成了市场不公。同时，因用电市场的无序，驱使电解铝企业自建电厂甚至自建电网以降低用电成本，一定程度上也加剧了火电过剩风险。

四、环境治理存忧

有色金属工业属于污染重点防治领域，随着近年来环保监管标准提高和力度加强，相关行业的清洁生产和无害化处理水平也在不断提升，比如铅锌钨等行业不达标企业基本关停或者改造升级，短期内虽会推动产品价格上涨，但长期看有利于促进绿色发展。目前比较大的环境治理难点在于赤泥的处理。赤泥是氧化铝生产过程中产生的废渣，按照国内氧化铝产能8000多万吨、产能利用率87%、每吨氧化铝产生1.5吨赤泥估算，我国每年约产生1亿吨的赤泥。据调查，由于处理技术所限，赤泥只有少量作为建材原料实现综合利用，绝大部分以建赤泥坝堆存、闭库后逐步复垦的方式解决，环保督察还发现有企业为了降低成本进行违规处理，这些都会对环境产生持久性的污染隐患。

五、对策建议

调研中业内人士普遍反映，2016年国家出台的《有色金属行业发展规划（2016—2020年）》，对指导行业发展发挥了积极作用。当前，面对推动高质量发展的要求和错综复杂的国际政治经济环境，需要坚持问题导向，通过加大政策支持和深化改革力度进一步提高我国有色金属工业发展水平。

一是严控产能。前期电解铝供给侧结构性改革取得较好效果，建议参照相关举措对氧化铝、铜冶炼等产能制定减量或等量置换政策，落实行业发展规划，避免出现新的盲目建设和重复投资，同时有效提高现有产能的利用效率。

二是降低成本。要优化营商环境，进一步简政放权、减税降费，拓宽企业合规融资渠道。尤其是针对电解铝等部分行业能源成本高企的问题，通过深化电力体制等改革，不断降低电网过网费等生产成本。同时规范自备电项目建设与运营的管理，营造公平竞争的市场环境。

三是环保先行。要用最严格的标准强化对有色金属工业的环保监督和生态治理工作。建议对新建氧化铝项目，紧盯赤泥处理标准和设施运行的有效性，对新建电解铝项目，紧盯烟气治理和废渣处理标准以及设施运行的有效性。同时，对有色金属生产中的工业废水排放问题，要进行更严格的环保检查和督查整改。

四是聚力增效。目前国内有色金属工业集中度不高，建议通过深化国企改革，探索打造有色行业资本运作平台，稳步推进相关资源整合和整体科技实力提升，从而增强产业国际竞争能力。在企业“走出去”过程中，要立足国家战略大局加强政策引导，防止无序竞争，促进各类市场主体抱团提高话语权，不断提升国内资源保障和全球资源调配水平。

二、深入推进大众创业万众创新

编者按：近期国务院研究室就推动创新创业高质量发展、打造“双创”升级版，组成7个调研组分赴上海、广东、浙江、福建、湖南、湖北、山东、安徽、河南、四川、重庆等地开展调研，组织召开政府部门、“双创”企业、示范基地、专家学者座谈会30余场，走访“双创”示范基地、众创空间、孵化器、“双创”企业百余家，形成系列调研报告。

地方推进“双创”的主要成效和创新做法

——“双创”专题调研报告之一

马志刚　姜秀谦　刘一鸣　王若阳

近年来，各地认真贯彻落实党中央、国务院部署，大力推进大众创业、万众创新，取得明显成效。“双创”热情持续高涨。全社会创业激情迸发，各类创新创业活动此起彼伏，专职服务“双创”的企业群体批量涌现，创新创业教育加速普及，“双创”已经成为一种生活方式，成为当下中国经济的标志性特征。“双创”主体持续扩容。从草根到精英、从城市到农村、从国内到国外，参与群体越来越多元、覆盖范围越来越广泛。目前每百名大学毕业生中就有3人参与创业，超过发达国家1.6%平均水平近一倍。留学人员回国创业热潮显现。返乡创业渐成风气，2015年—2017年底返乡下乡创业人数累计780万人。科研人员和机关事业单位人员“下海创业”也明显增多。支撑平台持续拓展。示范基地、众创空间、孵化器等各级各类平台规模加速壮大，2017年有的省份国家级众创空间同比增速高达300%，全国科技企业孵化器超过4000家。大企业平台较快增长，仅中央企业就搭建各类“双创”平台近1000个。一些创业孵化机构走向国际。平台发展呈现出向多元化、精细化和专业化方向转变的态势。政策支持体系持续完善。“放管服”改革显著降低创新创业的制度性成本，运营补贴、税费减免、房租减免或用房补贴等财税支持政策加快落地，科研成果转化瓶颈逐渐打破，“双创债”“科技贷”等助力“双创”的金融创新增多，“政、产、学、研、金、创、服”等多资源多要素集聚支撑的创新创业生态正在形成。区域创新创业生态持续优化。受“双创”影响，一批产业创新集群和区域创新发展高地开始提速，在推动区域高端产业集聚发展和转型升级方面发挥了引领带动作用。调研中有专家提出，目前创新创业活跃的“珠三角”对于外籍人士的吸引力可以比肩硅谷。“双创”培育新动能、带动就业作用持续增强。各地新登记企业数量快速增长，且质量大幅提升，新兴产业领域企业数量快速增加，一些省份的高技术企业数量几乎每年翻一番。调研中，东部沿海省份的不少同志都认为，2018年以来受中美贸易摩擦影响较大的东部地区就业形势比较稳定，“双创”起了重要作用。按企均3人估算，2018年前三季度全国仅新登记企业吸纳就业人数就在1300万人以上。

推进“双创”过程中，一些地方还探索出了一批值得研究借鉴的创新做法。其中，在企业开办、创业孵化、科技成果转化、创新资源开放、财税支持、创业融资等方面的探索主要有：

一、住所登记承诺制和“集群注册”

为了简化住所登记手续、降低创业准入门槛，一些地方按照“宽进严管”原则实行住所申报承诺制度，对从事申报制负面清单行业以外的企业注册申请人，不再要求提交房产证明、租赁合同等材料，只需填写申报住所登记信息申报表，并承诺对其真实性负责，由登记机关对其材料进行形式审查即可。针对无传统意义住所的网商主体难以办理工商登记问题，有的地方试点“集群注册”登记制度，基本做法是创业人员以网商（虚拟）产业园运营公司提供的住所作为自己的经营场所登记，并由运营公司提供住所托管、企业开办等一站式服务。这一做法极大简化了网商主体的企业开办手续、降低了创业成本，吸引入园托管的创业者呈几何倍速增长。

二、“三级孵化”等阶梯型孵化

某地针对全区没有高等院校和大型科研院所、科技型企业群体力量单薄等现实情况，设计并实施了“源头孵化+专业孵化+增值孵化”三级孵化模式。“源头孵化”即依靠产学研“合作孵化”、共享平台“虚拟孵化”和异地孵化器“异地孵化”，为园区定向培养、聚集一批优秀创客团队和初创企业。“专业孵化”把“源头孵化”输送的创客和企业，择优分类纳入园区专业服务平台进行“二级孵化”，形成集群效应。“增值孵化”集中人财物资源，为孵化毕业的成长型企业提供“后孵化服务”，助推企业增值。其他地区也有类似的阶梯型孵化探索，如有的地方构建了“众创空间+创业苗圃+孵化器+加速器+产业园”的孵化体系。这种阶梯型孵化模式，较好解决了创新创业资源薄弱区域加快“双创”资源聚集的问题，实现了从注重企业集聚向注重产业培育的转变，为欠发达地区提高孵化效率提供了借鉴。

三、科研单位"企业化运作"

中部某省先进技术研究院虽是事业单位，但无级别、无预算、无编制，完全按企业模式运行，员工既是科研人员，也可同时担任企业领导职务、持有股份。东部某先进技术研究院同样参照企业化运作，内部产学研资一体，外部重点打造创客学院和育成中心两大平台，目前该院累计孵化企业600多家，持股近200家企业。

四、大企业产业链协同创新

近些年不少龙头企业依托网络化的"众包"研发平台，聚焦主业打造内外部融通的创新技术研发体系，不仅提高了大企业的研发效率，也带起了一批创新创业企业，模式已经比较成熟。比如，某创业工厂围绕着智能产业，通过做长产业链、提供全方位服务等为传统企业赋能，已经投资、孵育出了一批明星企业。某集团围绕主业开启"人人创客"模式，搭建平台，实现创业与创新、线下与线上、孵化与投资的系统结合。某企业大力推动"内部裂变式创业、外部开放式创新"，打造智能制造产业生态圈，不仅孵化培育出了一大批企业和团队，还推进了企业的模式变革、产业变革、动力变革。某央企通过平台布局、产融结合、联盟创新，大力发展大中小企业广泛参与、跨行业跨领域的工业互联网平台，有力促进了创新创业发展。

五、"科技创新券"等财税奖补免措施

一些省份设立"创新券"专项资金，用于补助创客、科技企业购买检验检测、仪器设备使用、知识产权、数据分析、法律咨询、创业培训等科技创新服务的支出费用。同时，建立"创新

券”管理平台，公示、申请、审核全程在线实现、高效便捷。据统计，东部某省2015年实施“创新券”以来累计发放14亿元、使用8.2亿元，带动了5倍以上的企业和社会投入，有效降低了创新创业成本，促进了科技型“双创”发展。

六、创新融资和风险补偿方式

针对“双创”企业融资难问题，有的地方大力推动“双创金融债”发行，募集资金专项用于“双创”领域企业贷款投放；有的地方开创“小微信用宝”大数据云服务平台，对小微企业自动进行信用评分和排名，标记小微企业经营风险点，为银行开展融资授信等金融服务提供依据；还有的地方建设以“首投”“首贷”“首保”为重点的科技创业投融资体系，推出地方特色小微企业私募债；有的银行设立农村创新创业园区建设贷、返乡下乡人员培训基地建设贷、新产业与新业态信贷通等创新产品，有力支持了各地返乡下乡创业。这些破解“双创”融资的特色探索，都取得了一定经验，值得进一步研究、完善。

地方对创新创业高质量发展的建议

——“双创”专题调研报告之二

马志刚　刘一鸣　王若阳　王存宝

对进一步推动创新创业高质量发展，各地提出了不少值得重视的建议，主要集中为七个方面：

一、更加注重“自上而下”与“自下而上”相结合，进一步加强“双创”的规划设计、鼓励基层探索创新

地方普遍认为，“双创”发展正在进入数量型向质量型发展的关键时期，有些体制机制障碍亟须突破，地方的许多好经验好做法也亟须总结提升。应从国家层面加强规划设计，抓紧针对堵点痛点难点确定解决方案、牵头部门和完成时限，完善“双创”工作领导体制。一是明确未来五年打造“双创”升级版的阶段性目标。坚持目标导向和问题导向相统一，参考近年来“放管服”改革的做法，对近期提出来的“双创”升级版主要目标进一步加以细化、量化，按区域发展程度不同，分类确定未来五年推动“双创”发展的路线图、时间表。二是提升“双创”协调机制

层级。在现有协调机制基础上，强化工作联席制度或协调机制作用，健全多部门联动机制，围绕政策落实、资金使用、项目管理等制定系统完善的工作制度，搭建政策交流平台，统一政策口径，集中资源推动“双创”工作。三是调动地方探索的积极性。基层的创造力是无限的，发展“双创”必须要把地方的潜力充分挖掘出来。不少省都建议，应表彰宣传一批“双创”省市县、示范基地、“双创”企业和创客，进一步营造鼓励基层探索的良好氛围。加紧梳理各地可复制可推广经验，建立推广清单，明确推广范围和时限，确保地方的好经验能够真正推广开来。

二、更大力度推进“双创”领域“放管服”改革，实施包容审慎的监管原则

针对创业准入中出现的门槛高、办事难等问题，大力推进住所便利化改革。落实住所登记申报承诺制，凡申报制行业负面清单没有限制的企业注册申请人，不再要求提交房屋产权证明、租赁合同等材料；对无传统意义住所的网商主体，可借鉴“集群注册”经验，简化网商主体的企业开办手续；全面落实“一址多照”政策，研究取消对“双创”平台注册地址数量的限制，强化事中事后监管，以满足众创空间、孵化器等为创新创业团队批量注册企业需求；在零售业等领域研究推广快递企业实行的同一工商登记机关管辖范围内“一照多址”模式。针对创业退出中程序繁琐、成本高等问题，全面推进企业简易注销改革。放宽简易注销范围，对个体工商户和未开业、无债权债务企业，通过推进工商、税务等部门协同改革，大幅降低注销标准、简化注销环节实质审查。建立企业注销信息共享机制，对符合条件的企业，市场监管、税务、人社等相关部门应同步办理、联动注销，提高注

销效率。对原来纳税信用良好的企业，如涉及拖欠税费，经过评估、担保后能够限期偿还的，可研究探索允许其先行注销。注销后继续创业的，应允许享受相应的政策支持。针对新技术新产品进入市场难等问题，全面落实包容审慎的监管原则。进一步放宽创新创业企业准入领域，严格实行市场准入负面清单、推动“非禁即入”。研究建立标准、目录的动态调整机制，除了按照一定周期进行修订外，也要根据市场出现的新产品、新技术适时微调，可以用补充通知、临时决定等方式打好补丁，及时为新技术新产业放行。针对“双创”企业反映强烈的用地约束问题，研究提高“双创”土地政策灵活性。鼓励地方利用存量厂房不更改用地性质发展新产业新业态，完善相关实施细则，研究制定“采取划拨、协议方式供地，以及实行继续按原用途和土地权利类型使用土地”的过渡期政策。适应当前业态混合化的“双创”发展趋势，研究制定适当放开科研用地可分宗、分套办理的办法。

三、注重分类管理，加大高水平“双创”主体培育

在推动创新创业群体多元化、着力培育市场新生力量的同时，应更加注重培养造就高水平的创新创业团队。一是以带动就业为主要目的，推动重点就业人群创业。继续实施鼓励支持大学生、农民工、退役军人、企业下岗人员等人群创业，推进大学生用创业成果申请相关学位论文答辩、完善退役军人创业平台等工作。研究从就业资金中划拨部分单列专门用于支持重点就业群体创业，以就业资金助力创业，以创业带动就业。二是以发展战略性新兴产业为主要目的，支持科研人员等创新创业。关键是以制度创新提高科研人员等参与“双创”的积极性。应进一步完善科技成果转移转化激励政策，健全成果转化内部管理与奖励制度。

简化优化高校成果转化的报批手续，并限时办结。完善技术转移服务体系，培育市场化、专业化的技术转移机构和人才队伍。评价机制具有较强导向作用，国发〔2018〕32号文要求“将科研人员在科技成果转化过程中取得的成绩和参与创业项目的情况”作为职称评审、岗位竞聘等重要依据，目前最重要的是落实。职称评审等一般需要经过专业委员会的不记名投票，如果缺少操作性强的具体实施细则，相关政策的效果就会大打折扣。

四、提高专业化水平，促进“双创”平台提质增效

一是加大对专业化综合性服务平台的支持。对全国各类“双创”平台开展一次专项摸底、评估，减少或取消对低水平、服务能力弱的平台支持，将更多政策、资金集中到专业化综合性服务平台上。尤其要对服务创新创业特征明显、技术含量高、已建立良性运行机制的支撑平台和企业，给予更大扶持。二是发展工业互联网平台。通过技术改造、智能制造、工业互联网等专项资金，帮助“双创”企业提升设备自动化、数字化、网络化水平；开展平台建设试点示范，建成一大批“双创”企业云集的平台体系;抓紧开展基础共性、核心技术、应用服务、安全等标准研制工作，为工业互联网推广应用提供标准支撑。三是打造科技研发与转化服务平台。推进“双创”资源共享，特别是推动企业、高校和科研机构分享人才智力、仪器设备、实验平台、科技成果等创新资源与生产能力。研究探索建立仪器设备所有权和经营权分离机制，加强第三方运营机构建设，构建政府指导与市场运行、线上与线下服务有机结合的共享服务体系。支持高校、科研院所等围绕优势专业领域建设专业服务平台。四是发挥好行业龙头企业的作用。围绕实施国家创新驱动发展战略，将更多行业龙头企业

纳入国家“双创”示范基地、众创空间等，支持大型龙头企业建设专业孵化平台，为产业链相关的中小企业提供全链条、一体化服务。

五、扩大融资渠道，增强金融服务体系有效性

深入推进专利保险试点，引导、鼓励金融机构按市场化方式建立“贷款＋保险＋财政风险补偿”的专利权质押融资模式，落实“合理赋予大型银行县支行信贷业务权限，支持地方性法人银行在符合条件的情况下在基层区域增设小微支行、社区支行”等政策，建立银行内部科学合理的“容错机制”，着力提高创业者贷款融资的可得性。借鉴发达国家经验和国内一些地方做法，通过风险分担、财政补贴、税收减免退、政府引导基金引导等政策，鼓励天使投资、创业投资等发展，降低备案和退出条件。改革国有投资监管和考核制度，建立健全有利于激发国有投资支持“双创”的制度安排。降低“双创债”的发行门槛，研究非上市股权质押问题，拓宽前景好、市场认可的“双创”企业的直接融资途径。

六、完善“双创”支持政策体系，提高政策合力

不少地方建议，应整合现有“双创”支持政策，统筹安排各类支持小微企业和创新创业的资金，尤其要对功能类似的专项扶持资金加以整合，改变目前多龙治水、支持力量分散的局面。加强创新创业的财税扶持力度，在落实研发费用加计扣除政策的同时，研究同比例调整企业委托研发加计扣除数，鼓励产学研协同。充分发挥政府采购的支持作用，细化首购、订购等非招标方式以及政府购买服务方式，加大对创新产品的采

购力度。健全“宽容失败”的制度设计，明确财政资金使用中因技术、市场等非人为因素而导致研发创新项目失败的免责措施。研究调整国家孵化器税收政策享受条件，避免因个别条款要求过高将大量拟扶持对象排除在政策范围之外。同时，加强市场监测，加强新兴行业反垄断执法创新。

七、建立健全“双创”绩效评价指标，更加重视效果评价

目前我国对“双创”政策实施效果、各类支撑平台运营情况等，还缺少一套统一的评价指标。很多地方建议，应根据“双创”的内涵和特征，从国家层面完善相关评价和统计指标体系，重点突出新创办企业、创业投资发展、并购与上市、创新突破和带动就业等指标，为各地推动“双创”高质量发展提供科学权威的评价考核依据。

以“四个转变”推动创新创业高质量发展

——“双创”专题调研报告之三

牛发亮　高强　刘斌

四川、重庆调研小组通过调研认为，推动创新创业高质量发展、打造“双创”升级版，关键要坚持政府推动与市场决定相结合，把“双创”与实体经济升级发展结合起来，融入创新链、贯通产业链、对接资本链，以技术人才资本协同促进内生动力升级，以提升市场化专业化增值服务促进平台功能升级，以大中小企业融通发展促进组织方式升级，以包容灵活普惠促进政策生态升级。

一、推动由简单资本驱动更多向技术人才资本协同带动转变，促进内生动力升级

近年来，两地坚持把“双创”作为实施创新驱动发展战略的重要抓手，不断完善创新创业服务体系，推动新的市场主体持续增加，新产业新业态新模式快速成长。2017年，四川省新登记市场主体达到102.1万户，每万人拥有市场主体由商事制度改革前

的377户增加到541户，增幅达43.5%，月新登记企业由改革前的8000户增加到2.16万户。重庆市新登记市场主体39.1万户，同比增长9.6%，总量达到234.4万户。但调研中也有不少人谈到，当前“双创”发展有广度、缺深度，向高水平迈进的动力不足。一是技术供给跟不上导致创业质量不高。“双创”既要实现创业带动就业，更要实现创新驱动创业。但由于有些创业者不掌握特有技术，靠的主要是资金投入，导致低水平创业比较多，企业科技含量总体不高。比如，四川省有干部谈到，2017年全省新增高新技术企业只有437家、累计3571家，高新技术企业产值占规模以上工业的比重不足30%，不仅与新登记市场主体数量悬殊，也与高质量发展需要不相适应。二是与产业需求衔接不紧导致创新乏力。过去开展“双创”多属依托“互联网+”的创意型创业，缺乏与实体经济尤其是制造业的深度对接，有的即便暂时成功，抵御市场风险的能力也比较弱。比如，几位企业负责人谈到，有些共享经济企业在部分城市单纯靠“发免费券”等方式抢夺市场份额，既难以持续，也阻碍了行业健康发展。两地高校都有教师谈到，创业已成为大学生的一种价值追求，但因为不掌握实体经济技术需求，最后能产业化的成果并不多。三是要素不健全导致创新创业效果欠佳。比如，某平台公司反映，由于缺少技术服务，他们孵化企业的质量总体不高。有创业者谈到，他们虽然有技术，但难以提供符合银行信贷要求的抵押物，融资难度大。高校、科研院所等孵化平台负责人提出，他们虽然拥有大量成果，但缺乏从事转化的专业人才，市场开拓能力不强。

技术、人才和资本是带动创新创业的“三驾马车”，推动创新创业高质量发展、打造“双创”升级版，需要加快建立技术、人才、资本协同带动机制，形成质量效益更优、科技含量更高、带动就业更好、产业活力更足、参与主体更广的创新创业新格局。建议：一是发挥技术的关键支撑作用。把创新资源更多引入制造业等实体经济领域，支持创业者参与关键技术研发，提高创业科技含量和市场竞争力。二是发挥人才的引领带动作用。加快培养一批优秀企业家、高端科技人才、专业投资人等，发挥引领创新创业的主力军作用。同时，加大对大学生、返乡农民工、退役军人等普通创客培训力度，提高他们的创业能力和素养。对那些不掌握技术而筹钱创业的在校大学生要合理引导，防止因盲目跟风导致创业失败。三是发挥资本的有效保障作用。在拥有技术、人才的基础上，发挥政府资金引导作用，吸引社会资本参与设立天使投资基金、创业投资基金等，提高基金运作效率和使用效益，满足企业从初创到成熟直至上市的全链条融资需求，为它们健康成长保驾护航。

二、推动服务由简单场所孵化更多向市场化专业化增值化转变，促进平台功能升级

近年来，两地充分调动各方力量，在推进“双创”平台建设上取得明显成效。重庆市累计建成市级以上众创空间、科技企业孵化器、创业孵化基地等平台457个，在孵企业达到4624个，服务初创企业6300余家、创业团队8000余个。四川省财政投入超过2.5亿元，对大型孵化器给予支持，打造“众创空间+创业苗圃+孵化器+产业园”阶梯型孵化体系，累计建成各类平台700个。比较典型的，成都高新区通过整合孵化载体、金融、研发、中介、政务服务等资源，在菁蓉国际广场搭建“高新技术服务超市”，聚集科技服务机构270余家，并在重点产业园区、街区、社区、海外基地打造若干特色连锁分店，形成从创业孵化到产业孵化的全链条

孵化体系，累计为3600余家企业提供服务。

但调研发现，当前各类平台孵化企业的效果还有待提升，引领“双创”升级的能力还不够强。一是增值服务不完善导致持续发展难。有基层干部和教师提到，政府或高校院所主导建设的众创空间，由于市场化机制不健全，链接外部资源的能力普遍不强，仅能够提供场所、中介、政务等基础服务，缺乏提供成果转化、创业投资等增值服务的能力。比如，四川某大学众创空间负责人谈到，他们作为国家级孵化平台，对在孵企业免收办公场地、水电、网络等费用，收入主要靠政府补助等，基本没有增值收入，长期处于亏损状态。二是同质竞争导致相互挤占资源。由于各类平台功能定位不清晰，质量参差不齐，不仅孵化企业的能力不强，还因相互竞争挤占了资源。比如，四川有干部谈到，全省各类平台总量超过湖北、山东、上海等地，但孵化成功的企业数量、产值效益远低于他们。成都市某众创空间负责人反映，他们当初利用政府免房租、水电费等政策，共同出资办了一个创业咖啡屋，但由于专业人才不足，孵化的15家企业只有1家获得早期投资，发展遇到很大瓶颈。三是全周期跟踪服务不够导致孵化成功率不高。调研中几位创业者提出，前期主要需要创业辅导、市场研判等服务，成长期需要大量资金投入，成熟期又需要品牌营销、上市辅导等专业化服务，但能够提供这种全生命周期服务的平台相对较少，导致有的项目虽然孵化成功，后期发展并不理想。比如，四川某国企谈到，近几年他们孵化的企业中，未能进入下轮融资的种子期项目高达85%，创业失败率比较高。

平台服务是开展创新创业的基础支撑，推动创新创业高质量发展、打造“双创”升级版，需要加快平台功能升级。建议：一是提高市场化运作能力。引导各类“双创”服务平台尤其是政府或高校和科研院所主导建设的，按照市场化运作原则，将投资与运营分开，引入专门管理团队，提高市场化经营水平，形成可持续的盈利模式。二是提高专业化增值服务能力。支持运营主体立足资源优势，聚焦主业定位，通过与行业龙头企业、高校和科研院所、基金公司等建立利益联结机制，增强创业辅导、技术转移、融资服务、知识产权等功能，既为初创企业和广大创客提供“科创投一体化”服务，又提升自身市场竞争力。三是提高全周期跟踪服务能力。建议结合企业成长历程，提供全链条政务、投融资、技术等服务，既让创业企业孵化成功，又让它们能发展、有效益。比如，根据企业种子期、成长期、成熟期等不同阶段特点，创新“成长贷”“科创贷”“双创贷”等金融产品，满足企业资金需求。

三、推动由简单个体参与更多向大中小融通发展转变，促进组织方式升级

近年来，两地大力吸引和推动各类群体开展创新创业。四川省实施海外高层次人才、科技人员、青年大学生、草根能人“四路大军”创新创业行动，出台激励科技人员创新创业十六条政策，给予各类草根能人10万元无息创业贷款，累计扶持10万余名返乡农民工回川创业。重庆市开展创业教育培训4100余场，积极支持大企业开展“双创”。比如，推动某网络公司整合全国线下40个园区的业务管理、社交和生活服务等功能，建立全国性园区公共服务平台（钉耙APP），目前入驻会员已超过1000万，孵化创业企业和团队超过6000家，吸纳就业人数超过1万人。

但调研中我们感到，不同主体开展“双创”既有优势，也存在短板，单靠个体力量引领“双创”升级的能力相对有限。一是

普通创客经验少、创业成功难。几位高校教师谈到，大学生等青年创客有激情，但缺乏创业经验和对市场、政策的掌握，成功率普遍较低。有位创业者反映，他们研发出一个前景很好的项目，但不知道如何推介自己，一直融不到资金，感觉像闭着眼睛在创业。有位创业成功的大学生创客谈到，他们两年内更换了七八套方案，才逐步理顺公司管理体制。二是中小微企业资源获取能力弱、快速成长难。中小微企业体制灵活、市场反应灵敏，但政策把握和成果转化能力弱、融资成本高。比如，成都市某公司负责人谈到，企业财务法务靠的都是外包，根本没有精力研究税收、专利申报等政策，开办几年一项免税政策也没享受，如果当初抱上龙头企业的“大腿”，可能会节约很多成本。三是龙头企业摊子大、研发增效难。龙头企业具有资金雄厚、创新人才多、市场开拓能力强等优势，但由于机制不灵活、摊子大，研发成本相对较高。比如，重庆某国有大型汽车企业负责人谈到，虽然公司每年研发投入占营业收入的比重在5%以上，2017年达到141亿元，但招聘研发人才、在海内外布局建设研发基地、购置大型研发设备等占用大量资金，与借用外部资源搞创新相比，关键技术攻关效率和研发投入产出效益不高。

推动创新创业高质量发展、打造“双创”升级版，需要进一步发挥龙头企业带动作用，促进大中小企业、普通创客和高校院所优势互补、能力协同、融通发展。建议：一方面，支持龙头企业培育发展专业化“双创”服务主体。引导行业龙头企业借鉴一些企业的成功等模式，组建与母公司既有股权关系又独立运作的法人主体，作为融通发展的纽带，建立以投资、信息、技术、设备和品牌等要素参与的收益分配机制，吸引中小微企业、高校和科研院所、普通创客围绕龙头企业技术、产品等需求开展创新创业，有效提高创新效率和创业成功率。另一方面，建立区域和行业协同创新联盟。支持各地根据区域资源优势、行业发展特点等，推动不同“双创”服务主体开展合作，在更大范围更宽领域链接要素资源，促进资源共享、跨界融合、联合创新。

四、推动由简单扶持更多向包容灵活普惠转变，促进政策生态升级

为推动“双创”发展，两地均在省级层面建立“双创”联席会议制度，加强部门协调联动，出台了一系列扶持政策。四川省累计出台40多个文件，各市县也制定针对性政策措施，形成了省市县三级联动推进的工作格局。重庆市在税费减免、科技成果转化、信贷融资等方面，出台了50余项政策举措。但调研发现，有些政策效应发挥还不够理想。主要原因：一是新兴产业领域存在一定盲区。初创企业许多集中在新兴领域，由于管理存在盲区，有的地方在落实政策上往往不好把握。比如，成都市某众创空间负责人反映，他们作为科技服务类企业，按照6%的比例缴纳增值税，但税务部门却将企业总收入的38%认定为不动产租赁收入，要求这部分收入按照10%的比例缴税，导致每个月都要到税务部门补缴税款，不仅降低了企业盈利，还带来不少麻烦。还有企业谈到，过去研发活动认定由科技部门备案，企业以此为依据提出加计扣除税收减免申请，现在研发活动由企业自主确定，反而增加了税务部门执行政策的难度。二是个别政策执行灵活性不够。比如，重庆市某众创空间负责人提到，他们以“先建后补”方式获得政府1000万元装修补贴，虽然这部分费用已经实际支出，但税务部门仍把补贴资金认定为企业收入，要求缴纳相应税费。四川省某省直部门干部反映，国家级“双创”示范基地申报时编制

了三年建设方案，由于创新创业领域形势变化很快，原定内容有些需要适当调整，结果向上级部门多次反映，都没有得到明确答复。三是有的政策门槛较高。比如，某市的一名科技部门干部谈到，按照现行规定，高新技术企业认定3年一个周期，而有的扶持政策要求只有高新技术企业才能享受，但大部分技术含量很高的初创企业早期难以达到认定条件，往往被拒之门外，实际上这个阶段企业最需要支持。又比如，四川某研究院的工作人员谈到，省级以上科研机构进口设备可以享受免税政策，而研究院由天府新区管委会批复设立，不符合免税条件，进口科研设备时税负较重。

推动创新创业高质量发展、打造“双创”升级版，需要创新工作思路，进一步优化政策供给。建议：一是提高政策的包容性。专业化服务主体是引领“双创”升级的关键，建议制定更加包容的扶持政策，助推其做强做大。比如，在税收上，允许将其全部收入按照服务性收入缴纳增值税；在用地上，比照《关于支持新产业新业态发展促进大众创业万众创新用地的意见》（国土资规〔2015〕5号），对制造业领域“双创”服务主体用地，生活服务、行政办公、生活服务设施建筑面积比例不超过15%的，仍可按工业用途管理。二是提高政策的灵活性。建议根据创新创业领域特点，增加政策执行的灵活性。比如，对创业型企业获得的奖补性收入给予免税；允许地方根据情况变化，对国家级“双创”示范基地建设方案进行适当调整。三是提高政策的普惠性。“双创”涉及群体广，要进一步降低政策门槛，简化申报手续，提高政策知晓度，让更多创新创业主体平等获得扶持。比如，优化调整现行高新技术企业认定办法，覆盖更多科技型创业企业；加快研究对省级以下“双创”服务类主体有关进口科研设备免税问题。

更好发挥国有资源对“双创”的带动作用

——“双创”专题调研报告之四

牛发亮　刘斌　高强

国有资源（包括国有企业、国有资本、高校和科研院所、军工单位等）研发能力强、人才资源丰富、资金实力雄厚，具有带动“双创”升级的明显优势。近年来，四川、重庆两地各类国有资源积极探索符合自身实际的“双创”路径，既取得明显成效，也面临一些障碍和问题，有些是共性的，有些是各自领域特有的。我们通过调研认为，不同类型国有资源要立足自身优势，明确功能定位，找准工作抓手，按照市场化原则运作，促进创新链、产业链、资金链紧密对接，在推动创新创业高质量发展、打造“双创”升级版中发挥更大带动作用。

一、支持国有企业培育壮大市场化“双创”服务主体，发挥对大中小企业融通发展的带动作用

近年来，四川、重庆两地积极引导国企开展“双创”，不仅提升了企业自身竞争力，也对全社会创新创业发挥了辐射带动作

用。比如，四川某国企开放面向制造的服务资源，打造“双创”服务平台，累计催生69家内创公司，为800多家企业及团队提供服务，创造了2500多个就业岗位。重庆市市属国企累计搭建创新平台267个，在国有控股混合所有制企业中开展科研人员、关键管理岗位等员工持股试点，持股比例上限提高至30%，调动了国企开展“双创”的积极性。但调研发现，当前国企开展“双创”仍存在一些问题。一是“双创”平台功能不健全。有些企业“双创”平台仅局限在内部创新资源整合上，没有与外部资源充分链接；有些局限在关键技术攻关上，孵化企业和服务小微企业的能力不足；有些仅提供场地、资金等简单服务，缺乏专业技术支撑和增值服务，盈利能力不强。二是开放资源的意愿不高。受传统体制、国企考核等因素影响，有些企业担心开放资源可能会对核心技术、制造工艺、知识产权等带来影响，加上在行业内处于相对强势地位，生存压力不大，不太愿意主动开放创新资源。三是开展“双创”的认识不到位。比如，在与一家地方国企交流时，他们谈的主要还是内部技术部门如何开展技术研发问题，不仅没有激发员工的创新创业潜能，对汇聚外部资源开展“双创”更是缺乏研究，甚至调侃说“双创”都是年轻人的事，参加“双创”座谈会有走错会议室的感觉。

国有企业作为大企业的主体，要提高站位，在引领大中小企业融通发展、促进“双创”升级中发挥示范效应。建议：一是研究出台国有企业开展“双创”的指导意见。建立鼓励国企创新创业的考核评价和容错激励机制，引导各级国企增强开展“双创”的责任感，积极学习借鉴先进经验，探索符合自身特点的“双创”模式。二是支持国企培育壮大“双创”服务主体。国有企业聚焦主业开展“双创”，有利于提高创新效率、降低创新成本、提高主业竞争力，是实现国有资本做强做优做大的有效抓手。建议广大国企把深化改革与开展“双创”结合起来，紧紧围绕主业定位，依托工业互联网、专有云等平台，建立与母公司既有股权关系又独立运行的市场法人主体，增强技术咨询、企业孵化、试制试验、融资服务等功能，作为链接企业与外部资源的纽带，更好地开展和服务“双创”。三是打造“双创”平台联盟。建议发挥国企主导作用，加强不同区域、不同行业、不同所有制“双创”服务主体合作，打造“平台联盟”，促进创业孵化、创投基金、技术服务等开放共享，发挥对协同创新的带动效应。

二、解决国有资本开展创业投资体制约束问题，发挥对保障“双创”资金需求的带动作用

近年来，两地充分发挥政府资金引导作用，不断完善创业投资体系。四川省财政出资50亿元，设立新兴产业创业投资引导基金等各类基金57支，募集基金规模超过633亿元。重庆市组建种子基金、创投基金分别达到38支和27支，规模为6.9亿元和161.8亿元，累计支持项目568个。但调研中不少人谈到，受管理体制约束，国有资本开展创业投资还面临“三多”问题。一是开展投资不灵活、约束多。一方面，有些政府出资建立的创投基金由行政人员负责管理，没有聘用懂市场、懂投资的专业化团队，受国资监管严等因素影响，他们普遍抱有“不求有功、但求无过”的心态，投资初创企业的积极性不高。另一方面，有些创业企业对国有资本投资也不感兴趣，担心一旦接受国有资本注资，就必须接受繁琐的国资审批和监管，给后续发展带来麻烦。二是监管考核严、限制多。比如，两地不少干部反映，有些地方对国有资本过分强调安全性，针对投资的每个项目进行审核，一旦单个项目投

资失败造成损失，即使整体盈利也容易被追责。又比如，成都市某平台公司谈到，按照现行合伙企业法，国有资本在有限合伙制创投基金中只能做有限合伙人，不能做普通合伙人，也就是说只能投入资金，没有项目经营管理权。三是资本退出难、障碍多。按照现行政策规定，国有资本开展创业投资退出一般要在产权交易所挂牌交易，但确权等手续需逐级上报省级国资监管部门审批，往往因为时间长错失交易良机。比如，重庆某研究院谈到，2016年由职工众筹投资一个项目，单位以知识产权入股，项目估值4000万时准备出售，却因手续拖了一年多，期间市场形势发生波动导致最终没有赢利。

创业投资具有高风险、高回报、周期长等特点，国有资本要发挥引导和带动作用，更多吸引社会资本投入，更好保障支撑“双创”升级的资金需求。建议：一是建立符合创业投资特点的国资柔性考核监管机制。比如，改变按年按项目进行考核的办法，从中长期投资和投资组合的角度考核整个基金综合收益，赋予管理团队更大投资自主权，营造鼓励创新、宽容失败的良好环境。二是进一步简化国有资本开展创业投资的退出手续。按照“谁出资、谁监管”原则，推动国有资本退出审批权限下放至同级国资监管部门，有效解决逐级上报导致时间长、效率低等问题。同时，扩大协议转让范围，对符合条件的国有资本支持按照协议约定退出。三是推行“投资+孵化”的升级版运作模式。调研中发现，有些政府出资成立的基金公司把投资与孵化结合起来，效果相对较好。比如，成都某区打造的盈创动力科技金融服务平台，既为企业提供债权、股权融资产品，还为创业者提供技术咨询、上市辅导、投融资培训等增值服务，实现了科技与金融的有机结合。截至2017年底，已累计为5400余家中小企业提供债权融资、股权融资超过500亿元，为1.9万余家中小企业提供投融资增值服务。建议借鉴这一做法，推动国有创投基金引进专业化管理团队，建立独立运行决策机制，通过提供“投资+孵化”等增值服务，提高投资的科学性和成功率。

三、提高高校和科研院所成果转化效率，发挥对扩大“双创”技术供给的带动作用

四川、重庆高校、科研院所数量多。近年来，两地不断深化科研体制等改革，激励科研人员投身创新创业。四川省在20家高校院所开展职务科技成果权属混合所有制改革试点，累计完成400余项成果分割确权，作价入股创办企业近60家。重庆市遴选10家高校和科研院所开展科技成果初始权益分配改革试点，让科研人员在立项前与所在单位明确股权和收益分配，提高科研人员收益分配比例。但从调研情况看，与其他主体尤其是龙头企业相比，高校和科研院所开展“双创”还面临一些问题。主要包括：一是创新成果与市场需求衔接不紧密。由于高校师生与市场联系渠道不畅，研发项目与企业需求存在较大差异。比如，四川某大学“双创”办负责人谈到，学校作为首批国家“双创”示范基地，获得1.98亿元财政资金扶持，但由于缺乏与市场充分对接，找不到更多能够孵化形成新经济增长点的项目，最后资金大多用于建设装修实验楼、购买仪器设备、开展比赛活动等。二是科技成果转化管理体制不畅。按照现行规定，高校和科研院所成果转化涉及科技、教育、财政、国资、审计等多个部门，由于缺乏统一操作细则，转化受限较多。比如，重庆某大学教师谈到，一项科研成果申请专利、确权和评估基本需要两年时间，如果学校权属估值超过800万元，还要上报财政部备案，三年后才能进行交易。又比

如，四川某高校反映，学校推进科技成果“三权”改革时提出，发明人最高可分配91%的专利收益，但上级部门因未找到相应法规依据，认为存在国有资产流失风险，挫伤了科研人员转化成果的积极性。三是成果转化的运作能力不强。比如，四川某高校谈到，校科产公司作为学校唯一成果转化机构，由于缺乏职业管理人才，市场开拓能力弱，导致许多成果“憋”在学校。

高校和科研院所作为创新资源集聚的高地，要加快提高科研成果转化效率，在扩大有利于“双创”升级的技术供给上发挥更大作用。建议：一是破除制约成果转化的体制机制障碍。加快推广科技成果“三权”改革试点经验，修订《专利法》，对科技成果实行混合所有制改革，将知识产权所有权由研发人员与单位共享，鼓励研发人员自行转化，单位享受收益权，同时取消转化中不必要的审批，调动科研人员的积极性。二是组建专门经营成果转化的市场主体。调研发现，有些高校通过组建专门经营成果转化的主体，取得了良好效果。比如，国内某知名高校在成都、重庆、深圳、苏州等地建立与当地产业紧密链接的成果转化机构，每家定位1—2个主导产业，聘用专业团队进行市场运作，做实风险投资、科技评估、创业指导、仲裁、审计等服务，教师把成果交给机构负责转化，提高了科研成果转化率。建议借鉴这一模式，支持高校和科研院所组建专门经营成果转化的市场主体，用专业的人办专业的事，解决成果转化效率不高问题。三是支持与地方政府、龙头企业、金融机构等联合搭建创新合作平台。把创新和人才资源与地方产业发展紧密结合起来，通过合作共建园区等方式，依托产业链布局创新链，形成“基础研究、应用开发、中间试验、产业化”的创新服务链条，解决研发与市场脱节问题。

四、推动军工单位开放共享创新资源，发挥对优化“双创”服务的带动作用

四川、重庆两地作为我国“三线”建设的西南主战场，军工单位相对比较聚集。近年来，两地围绕军民融合开展“双创”，以“双创”促军民融合，取得了明显成效。比如，四川省绵阳市通过搭建“军民融合大型仪器共享平台”，在不改变原有体制的基础上，整合成都、绵阳等地4100多台特色仪器，依托“互联网+”将线上信息服务、线下专业对接相结合，实现了仪器持有方和需求方的精准对接。在运作方式上，引进四川一家公司参与平台建设运营，用户向运营方和设备提供方缴纳一定管理费和使用费，政府通过补助方式支持平台建设，实现了平台收支平衡和可持续发展。自2017年运行以来，平台已累计服务超过3000次，服务用户超过1100家，节约企业研发成本上千万元，不仅促进了地方“双创”服务能力升级，也通过仪器设备共享增强了军民融合发展的动力。

调研中也有不少人反映了一些问题。一是设备开放面临一些政策障碍。比如，按照现行税法规定，以科教用品、科技创新方式进口的专业设备，可免征进口环节关税、增值税、消费税，但设备只能用于本单位科研教学，否则将撤销免税资格并予以高额罚款。二是军工单位人才资源与地方联系不紧密。比如，绵阳市有干部反映，由于军工单位工作性质、任务及岗位要求，地方出台的人才政策有时难以实施，在服务地方经济发展中未能发挥更大作用。三是军工单位与民企合作的动力不足。比如，有民营企业反映，有些军工企业由于对社会力量参与国防和军队建设不放心、怕出事，在采购设备时通常优先选择国有企业，因为这样即使设备出现问题责任也较小，而采购民企产品出了问题就要面临

问责。

军工单位研发人才多、仪器设备丰富、覆盖领域广、技术水平先进，要通过军民融合深度发展提升服务“双创”的能力。建议：一是加大军工单位科研仪器设备开放共享。借鉴绵阳市经验做法，引导军工单位在符合规定前提下，坚持市场运作与政府支持相结合、公益服务和增值服务相结合，更大程度向社会开放仪器设备、实验室等。同时，建议加快研究解决针对进口仪器设备开放共享涉及的免税问题。事实上，除军工单位以外，高校和科研院所、政府部门所属事业单位也拥有大量检验检测、标准认定等仪器和技术资源，建议适度向社会开放。二是加快完善军地协同创新机制。鼓励军工单位与地方联合设立军民融合研发机构、中试基地等技术服务平台，建立科研人员激励办法，充分调动军工单位和科研人员服务地方经济的积极性。三是破除军民二元分割问题。比如，开展具有军用前景的民用技术成熟度评价，鼓励军工单位使用可靠的民用技术和产品，形成鼓励围绕军用开展“双创”的示范效应。实施一批军民融合科技成果转化专项，促进军用技术成果再研发转民用。

搭平台优服务解难题
促进小微企业创新创业
——“双创”专题调研报告之五

刘一宁　张凯竣　黄涛

小微企业是促进就业、激发创业、推动创新、发展经济、改善民生的基础力量。浙江是全国小微企业最为活跃的地方之一，目前全省共有小微企业190万家，占企业总数的97%，2017年贡献了全省GDP的65%、税收的54%、出口的76%。为小微企业创新创业营造良好环境并不断改善，是浙江小微企业健康发展的重要基础，也是浙江经济充满活力的一大法宝。促进小微企业创新创业，浙江的做法主要有以下几个方面。

一是建好小微企业集聚协同共享发展的平台。针对一些小微企业面临的产业层次低、布局分散、市场竞争力弱等问题，浙江着力打造小微企业园区，为小微企业高质量发展提供平台。小微企业园，不是数量上的简单集聚，而是质量效益、业态模式、公共服务、发展环境和小微企业竞争力的综合提升，本质上是打造更具活力的创新创业生态系统，推动小微企业加快走上高质量发展的轨道。小微企业园将产业链上下游或相近产业的小微企业集聚在一个园区，共享设施、高效沟通、互相学习，降低了成本，增强了活力，提高了市场竞争力。截至2018年6月底，浙江全省已建成各类小微企业园590个，入驻企业4万余家。浙江提出，到2020年，每年还将整治和淘汰无证无照、无安全保障、无合法场所、无环保措施的“低散乱”企业1万家以上、新改扩建标准厂房1000万平方米以上、新增小微企业园100个以上。小微企业园正成为浙江推动高质量发展的重要抓手和加快市场主体转型升级的重要载体。

在小微企业园建设中，浙江坚持政府引导与市场化运作相结合，探索出政府主导开发、工业地产开发、龙头企业开发、企业联合开发、专业机构开发、村集体联合开发等六种主要模式。对小微企业园区，政府给予用地支持和税收优惠，统筹安排增量建设用地、增减挂钩结余指标等支持小微企业园建设，建成运营3年内按第一档享受分类分档城镇土地使用税减免优惠。

二是构建“三位一体”“三级联动”“云服务平台+创新券”的中小微企业公共服务体系。针对一些小微企业不熟悉政策、技术研发能力弱、掌握资源少等状况，浙江着力建设中小微企业服务中心、中小微企业公共服务平台、中小微企业示范服务机构“三位一体”以及省枢纽服务平台、市综合服务平台、县窗口服务平台“三级联动”的公共服务体系。通过整合公共服务资源，培育专业化服务机构等，不断完善政策咨询、创新创业、知识产权、投资融资、管理诊断、计量校准、检验检测、人才培训、市场开发、财务指导、权益维护、信息化服务等各类服务。浙江还建立“云服务平台+创新券”科技资源共享机制，推动科研设施和仪器设备等科技资源向科技型小微企业开放，小微企业通过使用政府发放的创新券能够享受到有针对性的科技服务。截至2018年上半年，云平台共集聚省内各级各类创新载体近8500家，整合了科学仪器设备超过17万台，可提供各类科技服务超过5万项。全省累计发放创新券14亿元，使用8.2亿元，提供服务22.5万次，推动了科技资源开放共享，降低了小微企业创新创业成本。

三是瞄准“专精特新”目标，促进小微企业技术升级和产品提质。针对一些小微企业缺乏核心技术、产品中大路货居多的状况，浙江引导制造业小微企业走专业化、精品化、特色化、创新型发展之路。专业化，即专注核心业务，增强专业化生产能力，集聚要素资源，选准主攻方向，深耕于产业链中某个环节或某个产品，与大企业、大项目建立稳定的生产、研发等专业化协作配套关系。精品化，即对品质精益求精，增强精品制造能力，弘扬工匠精神，用精良的产品和精准的服务赢得市场。特色化，即聚焦特色优势，增强以“特”取胜的经营能力，培育自主商标品牌，重视知识产权，采用独特工艺、技术、配方或原材料，生产特色产品，形成人无我有、人有我特的核心竞争力。创新型，即瞄准市场需求持续创新，增强快速响应、快速更新能力，开展技术创新、管理创新和商业模式创新，建立创新机制、培养创新团队、推进创新成果转化。一方面，从资金、标准、技术、合作机制等方面支持小微企业转型升级。设立科技成果转化基金，建立一批产业急需的高能级计量标准和产业计量测试中心，构建产业技术创新计量服务体系，支持小微企业加快应用国内外先进节能、节水、节材和安全生产的工艺技术，定期举办“专精特新”培育企业与大中型企业配套合作项目洽谈活动，引导小微企业与龙头骨干企业形成专业化协作配套关系。另一方面，推进“标准地”改革倒逼小微企业转型升级。通过使用能耗、环境、投资强度、亩产税收等一系列指标倒逼区域“腾笼换鸟”、企业升级技术，提高存量土地的利用率和产出效率。

四是促进小微企业不断拓展市场。针对一些小微企业缺乏稳定的产品销售渠道等状况，浙江通过搭建平台、推广电子商务、政采倾斜等方式促进小微企业产品销售。实施“品质浙货行销天下工程”，支持中小微企业参加国内外展览展销和产业对接交流活动，建设集中采购分销平台，支持中小微企业通过联合采购、集中配送等方式降低采购成本。实施“浙江好产品”行动，与大型电商平台合作，支持“专精特新”培育企业通过网络渠道、鼓励小微企业依托第三方平台开展销售。政府采购注重向小微企业倾斜，浙江要求各预算单位预留本单位年度采购项目预算总额的30%以上，专门面向中小微企业采购，其中预留给小型和微型企业的比例不低于60%，通过建设推广“政采云”平台，拓展中小微企业的营销网络。

五是整合信用数据、搭建信用云服务平台、拓展直接融资等方式破解小微企业融资难题。针对一些小微企业可抵押资产少、信用信息分散、难以获得银行贷款等问题，浙江推动整合企业信用信息，创新开展“政银合作”，加强直接融资，促进小微企业获得更多融资支持。首先，整合企业信息，为银行评级授信提供支持。依托“信用浙江”平台，整合人行、工商、税务、用水、用电、环保、质检、海关、法院等方面的公共政务及其他信息，完善中小微企业信用信息数据库，每年对“专精特新”培育企业开展信用评级服务。其次，推进“政银合作”，构建基于信用数据的云服务平台，创新小微信贷发展模式。浙江工商、银监、人行等部门联合金融机构，合力打造“政银合作”平台，创新推出“一宝一卡一贷”小微信贷新模式。在该模式下，利用工商部门汇集的企业注册的原生性信用、企业经营的发生性信用和企业活动的派生性信用数据资源，基于数据挖掘，首创“浙江小微信用宝”大数据云服务平台，建立涵盖“合规、经营、财务、履约、社会”等5个维度的信用评分模型，对小微企业自动进行信用评分和排名，为银行开展融资授信等金融服务提供依据。与一家银行合作，发行集电子证照、结算、信贷、增值服务于一体的“小微成长卡”。与另一家银行合作，实现“小微信用宝”和小微企业贷款全面对接，2018年以来，已发放小微贷款1760亿元、服务小微企业7.9万户。再次，积极拓展直接融资。大力推进绿色债、创业创新债等新债券品种试点工作，积极引导创新型小微企业对接多层次资本市场。省财政每年安排3亿元，对市县政府设立或投资的种子基金等进行配套支持和奖励，撬动市县财政投入和引导社会资本投资。浙江全省各级科技、财政部门设立的创业投资、天使投资引导基金超过60亿元，通过信贷风险补偿、科技担保、专利权质押等方式，引导银行为科技型中小微企业融资超1000亿元。

六是帮助小微企业做好管理人才、科技人才、技术工人等的培训和引入工作。针对一些小微企业面临的人才匮乏难题，浙江积极做好人力资源支持保障工作。这包括：开展管理培训，组织实施百万小微企业素质提升轮训工程，由企业自主选择培训机构、培训内容，帮助提升小微企业财务、质量、安全、用工、风险等基础管理能力。设立“人才驿站”，为小微企业和各类人才提供服务，为“专精特新”培育企业聘请海外工程师创造便利条件。组织技能竞赛，开展“万企岗位技能练兵比武”等活动，促进技能拔尖的浙江工匠脱颖而出。实施志愿服务，建立由在职或退休企业家、专业技术人员、专家学者等组成的专家志愿服务团队，为小微企业开展管理咨询、技术诊断等服务。

破解科研人员创新创业面临的突出制约

——“双创”专题调研报告之六

张凯竣　黄涛　刘一宁

科研人员创新创业是促进科技成果转化的有效形式，是推进大众创业万众创新深入发展的重要内容。近年来国家出台了一系列政策措施，为科研人员创新创业“搭台铺路”，但调研中发现，相关政策的落实效果还不明显，科研人员投身创业仍面临一些突出制约，亟待采取措施加以解决。

一、科研人员离岗创业面临五大制约

早在2015年，国务院就印发文件明确科研人员离岗创业可在3年内保留人事关系，各地也陆续出台相关政策引导鼓励，例如浙江省将离岗创业人员人事关系单次保留期限提高到5年。但实践中“好政策难落实”的问题仍比较突出，相关部门评估显示，我国六成科技工作者有创业意愿，但真正开始创业的只有2.5%，巨大的科技人才资源未被充分激活。

一是政策措施有待完善，科研人员仍有后顾之忧。政策落实“最后一公里”问题突出，调研中发现，部分高校和科研院所尚未出台本单位工作人员兼职、离岗创业的具体操作规程，大多数科研人员持谨慎观望态度。配套政策仍不完善，有科研人员反映，3年创业期满的后续政策还未出台，若离开原单位投身创业，社保、档案等人事制度如何对接还不明确。离岗创业与考核评价之间的矛盾依然明显，有教师表示，学校考核基本上仍然以项目论文、教学情况等为依据，评定职称时对参与创新创业的情况缺少考量。

二是离岗创业风险高挑战大，科研人员与高校院所意愿不强。科研人员方面，思想保守顾虑较多，调研中有关部门同志表示，创新创业具有极大不确定性，离岗3年往往不太可能做出成果，科研人员习惯了高校院所的稳定工作，且往往面临“上有老下有小”的生活压力，不愿冒“创业失败、两手空空”的风险。高校院所方面，一些高校负责人反映，在管理离岗创业人员方面尚无经验可借鉴，如果处理不好“走出去”和“留下来”两类人员的关系，担心会影响单位团结和员工积极性；很多科研机构仍是传统行政管理模式，岗位编制数量有限，“一个萝卜一个坑”，给离岗创业人员保留编制不利于引进新的人才。

三是科研工作与市场脱节，科研人员缺少创业所需能力资源。科研人员创业的主要方式是进行科技成果转化，然而现实中很多科学研究与市场需求之间距离较大，专利成果往往用于评定职称和申请基金，不具备市场价值。统计显示，我国发明专利平均维持年限为6.2年，与国外10年左右的平均水平相比有不小差距，专利总体上经济价值较低，转化可能性较差。同时，创业是一项系统工程，涉及融资、营销、法律等方方面面，绝大多数科研人员缺少必要的企业管理经验和人脉资源，即使有好的科研成果，也难以直接去实施转化和创业。

四是科技成果评估定价难周期长，限制了科研人员的创业进程。科技成果属于典型的无形资产，其价值不仅难以量化，而且只有进入市场后才能真正体现出来。然而，现有的国有资产管理政策将技术类无形资产等同于有形资产，按统一标准审批、处理，使得科技成果价值评估变得更加困难。评估涉及的环节多、流程长，科研人员反映，有的技术转让项目历经3个月才仅仅完成评估，算上登记备案往往需要8个月左右时间。同时国有资产处置需要符合“保值增值”的要求，一些科研人员为规避“国有资产流失”风险，担心被审计追责，不敢、不愿进行评估转化。

五是技术转移机构专业化程度低，无法为科研人员提供有效支持。目前，我国大部分高校院所都建立了技术转移中心或成果转化机构，但由于专业性不足严重影响了科技成果转化的总体成效。一方面，技术转移机构大多属于行政部门，市场化运营程度不高，主要职能仅限于合同审核、材料公示等程序化工作，无法提供企业对接、专利评估等市场化服务。另一方面，科技管理人员普遍没有经过专业化培训，缺乏技术转移方面的知识经验，业务能力和服务水平难以满足市场需求，缺少既懂技术、又懂市场，并具备必要管理和法律知识的职业技术经纪人队伍。

二、鼓励科研人员创新创业的几点建议

推进大众创业万众创新，离不开科研人员有效参与，要进一步营造良好政策和市场环境，打通阻碍科研人员创新创业的堵点，充分释放我国科技人才红利。

第一，完善支持政策的实施细则和配套措施。加快出台鼓励

科研人员离岗创业的实施细则，对各界关注的职称待遇、岗位编制、社保衔接等问题给予明确回应，进一步消除科研人员的后顾之忧。深化科研人员评价激励机制、跨地域自由流动和高校管理自主权等配套改革，最大限度破除制约科研人员创新创业的体制机制障碍。督促各级高校院所结合自身实际，制定本单位科研人员离岗创业的具体操作办法。加强对政策执行效果的督查评估，确保各项政策落到实处。

第二，强化对科研人员和高校院所的激励引导。加强对高校院所的分类评价，对于综合性、理工类大学和应用研究类科研院所，提高对科技成果转化和科研人员创业效果的考核比重，改变重课题、重论文，轻应用、轻转化的现象。鼓励企业和高校院所加强交流，支持科研人员到企业任职或兼职，增强对市场化、产业化规律的理解把握，提高创业成功率。推动产学研协同创新和新型研发机构发展，使科技研发从一开始就围绕需求、贴近市场，创造更多可供转化的应用成果。同时，引导科研人员加强对自身资源能力的准确评估，在离岗创业和学术研究之间做出合理选择。

第三，健全科技管理和成果转化机制。完善国有资产管理办法，做好与科技成果转化相关法律政策的衔接配合。研究建立针对国有无形资产的专门管理制度，将知识产权产品和技术成果作为特殊无形资产单独进行规范。切实落实好科技成果转化中的“尽职免责”条款，明晰国有资产流失认定标准，减轻科研人员成果转化的顾虑和压力。规范科技成果对外许可、转让和作价投资的操作流程，加强授权程序管理，明确科研人员与所属机构的权责和利益分配，减少或消除发明人、所有人及转化人之间潜在的利益冲突。

第四，提高技术转移机构专业化服务能力。给予高校院所技术转移机构充分的经营自主权，主管部门应减少行政干预，增强管理机制的灵活性。建立健全技术转移转化人员薪酬与科技成果转化成效的挂钩机制，对中介团队给予成果转化项目收益一定比例奖励。在选人用人方面，坚持市场化导向，聘用一批具有法律基础、专利管理、企业创办、风险投资及国际商务方面丰富经验的复合型人才，吸引律师、专利代理人及财务专家加入，打造职业化技术经纪人队伍。鼓励技术转移机构利用互联网、大数据等搭建科技成果转化信息服务平台，提高创新创业综合服务能力，在企业孵化和运营管理等方面为科研人员离岗创业提供更加有效的支持。

进一步优化扶持“双创”的财税政策

——“双创”专题调研报告之七

刘军民

“双创”是风险较高且正外部性显著的经济活动。财政资金支持和税收优惠能提供直接的政策激励，显著降低创新创业成本，有效分散风险。从调研情况看，“双创”主体对财税优惠期待较高，也反映了政策落实中的一些问题，希望进一步加强和优化政策扶持。

一、完善“双创”财政资金支持政策

在国家政策指引下，各地通过投资补助、运营补贴、设立创新基金和投资引导基金、提供信用担保、政府采购等多种方式，不断加大对“双创”平台和创新创业企业的财政支持力度。比如，近年来湖南省设立了创新创业园区建设、小微企业创新创业基地城市示范、众创空间和星创天地等专项扶持资金，直接投入超过40亿元。实施中也存在一些值得关注的问题。一是政策分散化、资金碎片化问题突出。创新创业扶持政策涉及科技、发改、财政、金

融、经信、人社、教育等多个部门，国家、省、市均出台了“双创”扶持政策，但由于资金渠道不同，扶持资金多龙治水、各自分散，无法统筹整合和集中有效利用。各类项目的建设内容、申报条件、认定标准和资金补助政策互不衔接、缺乏统筹，既割裂分散又交叉重叠，企业申请资金时往往多头申报，导致重复建设、重复认定，不利于提高财政资金使用效率。二是资金政策支持重硬件、轻软件。调研发现，政府补助资金多投向于“双创”平台的办公用房、用水、用能、网络等看得见摸得着的硬件设施，而对服务能力建设考虑不足，一些采取轻资产模式的网络化众创空间就无法享受相关政策支持。三是资金支持方向上急功近利。调研发现，一些地方为尽可能获得立竿见影的推进效果，偏重数量忽视质量，扶持措施多集中在“双创”平台和创新成果转化阶段，对早期创业投资和初创期的小微企业帮扶措施较少、支持力度不够。四是一些资金分配行政化。各地对“双创”平台或载体一般按硬件条件和服务能力来认定级别，如“国家级”“省级”“市级”等，在此基础上安排专项建设补助或运营补贴，级别越高获得的资金扶持力度越大，创新资源配置行政主导色彩过重。获得多个授牌的基地和平台，通常是国家补了省里补、省里补了市里补、市里补了区里补，这个部门补了那个部门补，导致政策锦上添花、扶大不扶小，而真正需要获得支持的草根创新创业主体很难得到支持。

针对上述问题，建议：一是加强政策统筹和资金资源整合。加大对现有“双创”支持政策统筹衔接，尽可能整合不同渠道安排但功能类似的专项扶持资金，以形成支持合力、提升资金使用绩效，避免重复布局、重复投入。强化工作联席制度和协调机制作用，搭建政策交流平台，统一政策口径，围绕政策落实、资金使用、项目管理等方面完善相关制度，并加强工作指导。二是优化财政资金支持方式。更多采取市场化方式支持创新创业，支持方式由直接补助向间接补助转变，资金申报由项目推荐制向竞争立项制转变，资金分配由项目法向因素法转变。在原有专项资金无偿资助的基础上，探索并扩大“拨改投”支持方式，按照市场化运作原则支持各类“双创”主体和平台发展。设立天使投资引导基金和创业前小额担保贷款，开展科技成果转化贷款风险补偿试点，更好发挥财政资金对“双创”四两拨千斤的引导和撬动作用。三是完善政府采购支持手段。发挥政府采购政策功能，加大对重大创新产品和服务、核心关键技术的采购力度，扩大创新产品的首购、订购等非招标采购方式。完善符合国际规则的支持创新和中小企业的政府采购政策。进一步健全创新券、创业券的管理制度和运行机制，鼓励建立创新券、创业券跨区域互通互认机制。四是强化资金使用绩效考核。加强对各类“双创”平台和示范基地的绩效考评和监督管理，重点考核所提供服务的内容和质量、孵化绩效目标完成情况、创新环境营造情况。建立以绩效为导向的财政资金配置机制，变事前补助为事后奖励，变一次性投入为分阶段奖励，完善激励机制，最大程度提高资金投入绩效。建立“双创”平台质量管理、优胜劣汰的动态调整机制，引导其提质增效，向专业化、特色化、精细化方向升级。

二、加大“双创”税收政策激励

近年来，国家出台了一系列减税降费政策，除增值税税率下调等普惠性减税措施外，研发费用加计扣除、固定资产加速折旧、扩大减半征收所得税优惠的小微企业范围等减税举措，基本都与创新创业有关。根据税务总局的数据，2018年1—7月，支持

“双创”的税收优惠政策实现减税5320亿元。

调研中地方反映，支持“双创”的税收优惠政策也存在着一些问题。一是减税措施多但力度不够大。据不完全统计，近年来国家出台的扶持创新创业的税收优惠政策多达七八十项，覆盖了企业初创期、成长期、成熟期，既有对符合条件创业企业和创业者的税收支持，也有对“双创”平台、基地和孵化器的税收优惠，还有对创业投资基金的税收支持。可以说是琳琅满目、内容丰富。但有一些企业反映，大部分减税政策措施显得相对零碎分散、覆盖面不广，单项政策减税力度有限，含金量还不够高。一些企业反映，有的减税政策针对性不强，如金融机构小微企业贷款利息收入免征增值税政策，由于很多小微企业本身就很难跨入银行融资的门槛，直接受益不明显。二是政策执行标准不统一。我国70%以上的技术创新都来自中小企业，“双创”主体大多也都是小微企业。关于小微企业的范围，工信部负责小型微型企业认定，工业从业人员300人以下或营业收入2000万元以下的为小微型企业，农林牧渔业营业收入500万元以下的为小微企业。税务部门认定的是小型微利企业，标准是企业年应纳税所得额不超过30万元（现已提高到100万元）。多重标准使得现实中税收优惠难以落实到位，减税效果打了折扣。三是部分优惠政策门槛偏高。很多企业表示，对政策不够了解、申请条件门槛偏高、申请审核过程繁琐，一些税收优惠政策常常是“看得到得不到”。比如，根据《财政部、国家税务总局关于科技企业孵化器税收政策的通知》（财税〔2016〕89号），享受免征增值税、房产税和城镇土地使用税的孵化器必须是国家级科技企业孵化器、财务独立核算、用于孵化的场地面积占比和孵化企业数量占比均要达到75%；孵化企业须同时满足在孵化器场地内、成立时间不足2年、在孵时间不超过4年、符合小型微型企业划型标准、企业产品（服务）属于《国家重点支持的高新技术领域》等6项，这些要求将很多“双创”平台排除在外，政策惠及面较小。一些地方反映研发费用加计扣除政策激励作用不明显。一方面，多数创新创业企业在初创期很难有盈利，也就无从享受所得税抵扣优惠；另一方面，政策规定企业对研发支出需要设置辅助账，研发费用与生产费用分别核算并准确归集才能享受政策，一些中小微企业会计基础工作薄弱、财务核算不健全，难以享受政策优惠。四是减税政策落实不够到位。一些地方在经济下行情况下脱离实际制定税收增长目标，地方税收征管部门在完成税收任务的压力之下，对优惠政策从严审批把控，“优惠从紧、征管从严”，提高征管强度，并加强清欠力度，甚至存在预征预缴、征过头税的情况，一定程度上抵消甚至扭曲了减税效果。

建议：一是进一步加大减税力度。拓宽减免税种范围，下一步减税重点可在增值税、所得税等主体税种改革上做文章，加快推进增值税改革，简并增值税税率档次并适当下调税率。围绕“双创”活动需求，进一步提高免征增值税所得税的上限额度。参照高新技术企业两免三减半政策，对小型微利企业自获利年度起两年内免征企业所得税，此后减半并减按20%的税率征收企业所得税。支持符合条件的众创空间、孵化机构享受高新技术企业相关优惠政策。二是提高政策精准度。加强政策协调，尽可能统一享受相关税收优惠政策的范围和标准，避免各方理解差异影响政策落实。进一步简化企业研发费用归集、核算和备案管理，降低企业享受优惠政策的门槛。加大完善和落实创业投资基金相关税收扶持政策力度。将科技企业转增股本、股权奖励分期缴纳个人所得税试点推至全国。三是提高政策便利度。简化税收优惠政策审批、管理手续，精简申报证明材料，优化纳税服务，使市场主体能够及时、便捷地享受到税收优惠政策。加大政策解读宣传力度，对初创企业、小微企业可开展集中式宣讲或上门辅导等，提高政策知晓度，使企业及时获得减税红利。严格规范税收征管，坚决防止一些地方在税收任务下收过头税、突击征税等与减税降费政策方向背道而驰的行为。

提升金融支持“双创”的能力和水平

——“双创”专题调研报告之八

马志刚　王若阳

近年来，创业投融资渠道更加多元，运作模式更加规范化，规模较快增长，为“双创”发展提供了支撑，但融资难、融资贵问题仍非常突出，已经成为“双创”企业面临的主要束缚和桎梏之一，亟须完善相关政策，提升金融支持“双创”的能力和水平。

一、完善风险分担等机制，提高银行支持“双创”企业的积极性

银行贷款是我国企业的主要融资渠道。由于“双创”企业普遍缺乏相应抵押、业务记录和经营信息的透明度，银行为“双创”企业贷款的积极性较低。近些年各地区各部门探索实施了一些有益做法，开展了“投贷联动”、政策性风险补偿、贷款保险等试点，但从调研情况来看，这些试点普遍进展缓慢，金融机构配合度不高。有金融管理部门反映，由于“投贷联动”中投资收益主要由签订的认股权来实现，合同设计较为复杂，真正可大规

模推广且切实可行的“投贷联动”模式并不多见，故此模式在地方普遍尚未开展或仅作过有限几笔。东部沿海某省政策性融资担保公司与银行约定，为“双创”企业贷款承担80%损失，但由于大型银行县市级支行信贷审批权限较低，加之缺乏尽职免责条款等原因，基层信贷人员对“双创”企业贷款的积极性普遍不高。有保险公司反映，“双创”企业的贷款风险相对较大，贷款保险费率与之无法匹配，虽有财政拨款承担部分保费，但仍不足以覆盖其可能的损失。

很多地方的同志都建议，要提高银行对“双创”企业的金融支持力度，关键要降低银行及其信贷人员的风险。建议主要有四：一是加强税务、工商等部门与银行的信息共享，解决“双创”企业与银行之间信息不对称、交易成本高的问题。二是增加“双创”担保贷款专项贴息资金、风险补偿基金以及贷款保险补贴的安排规模，指导银行业金融机构加强与政府性融资担保基金的合作，撬动更多信贷资金投向“双创”企业。三是大力推动知识产权抵押。“双创”企业很多是科技创新型企业，缺少实物抵押物，有的多为发明专利等知识产权，推动知识产权抵押对解决科技型创新创业融资需求意义重大。在这方面，一些地方探索出了一些较好做法，如有的地方引入政府担保和回购，降低了银行知识产权质押放贷的风险；有的地方将以往的专利权价值评估改为资格评价，降低了“双创”企业知识产权质押申请成本。可推广这些工作机制和运作流程，使知识产权这类高质量无形资产转化为“双创”企业可用来发展的资本。四是落实“合理赋予大型银行县支行信贷业务权限”，建立银行内部科学合理的容错机制，减少信贷人员后顾之忧。

二、为创业投资“减负”，提升创业投资服务“双创”的水平

创业投资机构和天使投资人专门投资于初创企业，并通过小额大量投资以分散风险、提高收益，专业的投资者不但能为自身创造巨大利润，对促进整个社会的创新创业也有不可估量的外部效应。但有观点认为，目前我国创投基金普遍存在着备案难、税费高、退出渠道窄的问题。比如，目前我国将创投基金只是作为私募基金的一个种类，在基金业协会实行备案管理，与一般私募基金区分度不高，缺少对创投基金的专门支持和服务。2018年以来新基金管理人备案普遍在半年以上，且备案后仍需定期报备如所投企业市值等投资情况，但初创企业市值较难估计，为报备带来困难。又如，税率高、负担重，失败投资难以得到确认但却要抵扣利润现象比较普遍。东部某龙头创投企业反映，扣除税收及管理费，留给创投基金投资人的年化收益率往往为10%左右，难以吸引资本参与。由于缺乏对天使投资的认定和优惠奖励政策，个人做天使投资的动机普遍不足。再比如，一些国有创投机构考核不符合风险投资规律，对其考核过严过细，要求每笔投资均需盈利并达到一定收益率，缺乏容错纠错机制。

调研中很多同志都建议，支持创投基金和天使投资基金发展，是发达国家的通行做法。应将创投基金和天使投资基金与一般的私募基金区隔开来，降低准入门槛，加大财税支持力度。研究制定适合创投基金特点的备案管理办法，提高创投基金的备案和投资效率。可研究借鉴国际上的前置税延或减免，即个人或公司收入转入天使投资账户进行投资达若干年，可延迟或减免之前转入时的所得税。对国有创投要建立与行业特点匹配的评价机

制，按行业惯例即基金存续周期对投资基金整体收益进行考核，明确免责条件，完善国有创投的容错纠错机制。

三、完善“双创”类债券发行制度，提高募集资金利用效率

债券市场是大型创业园区、孵化器、创投基金或规模较大的创新企业的一个重要融资途径。目前我国支持“双创”的债券类产品可分为四类：一是由发改委审批的双创孵化专项债，二是由证监会审核的创新创业公司债（含可转债），三是由银行间市场交易商协会主管的双创专项债务融资工具，四是由人民银行审核的双创金融债。其中，双创金融债由商业银行发行，募集资金专项用于“双创”企业贷款投放，集中批量地增加“双创”领域资金供给，属于货币政策支持“双创”的工具，对实体企业来说是间接融资。其余三类则均为支持“双创”相关企业的直接融资工具，在发行制度、发行主体、资金用途、产品设计等方面的监管各有不同。调研中，一些地方金融管理部门认为“双创”公司债门槛较高，辖区内“双创”企业本身信用资质较弱，难以找到合适的第三方或关联方进行担保，如需发行“双创”公司债需请外部增信，增加了融资成本。较多孵化企业和园区反映，自身缺乏发债渠道或发债困难。据了解，双创孵化专项债自2015年推出以来，发债主体多为提供“双创”孵化服务的城投公司或一些政府融资平台，城投属性较为明显。2017年，规范地方政府违规融资行为的重磅监管措施陆续推出，导致真正有融资需求的“双创”孵化企业和园区也很难通过发债进行融资。

发行债券的信息披露成本较高，初创企业较难承担。更好发挥“双创”类债券支持“双创”的作用，应鼓励创业园区与创

投基金联合发债或者有实力的“双创”服务企业发债，募集资金部分专项用来对“双创”相关基础设施的新建、改造、提升，部分对“双创”企业进行投资。一是规范资质认定程序，确保“双创”类债券发行主体的创新创业特征，保证募集资金切实用于支持“双创”发展。二是鼓励地方政府将“双创债”纳入地方金融财税支持体系，引导地方政府对“双创”类债券发行主体提供政策配套支持，如给予发行规模一定比例的财政资金补贴或给予票面利率一定比例的利息补贴。三是探索创业园区、科技园区与创投基金结合，采取市场化手段为区内企业增信，放大杠杆效应，撬动社会资本对“双创”的支持。

四、全面提升多层次资本市场对“双创”的服务能力，拓展创业投资等融资退出渠道

近些年金融管理部门就各层次资本市场支持“双创”都提出了相关政策，但受制于发展阶段等多方面因素，“双创”企业利用资本市场融资仍面临较多障碍。调研中较多创投机构认为，创业板针对“双创”企业支持力度有限。与国际成熟资本市场不同，发展潜力好但未盈利的创新型企业很难在A股上市融资，且特殊股权结构类创业企业在境内上市面临制度性障碍。有新三板创新层企业表示，新三板市场融资、交易功能有限，企业挂牌积极性受影响；分层后创新层企业未享受到差异化制度安排和优质金融服务，流动性和融资功能未得到明显改善，做市交易导致股权分散反而容易成为在国内IPO障碍。一些区域性股权市场的负责人反映区域性股权市场很难吸引到优质“双创”企业进入。区域性股权市场业务模式尚不成熟，各地差异较大，缺乏统一的框架和规则，与工商进行非上市企业股权登记信息对接不便，也影响其

股权融资功能的发挥。

资本市场是“双创”企业发展到后期获得股权融资的主要场所，也是创投机构等资金退出的主要渠道。资本市场缺乏退出渠道，直接影响到创投机构前期对“双创”企业的投资热情。建议深化创业板改革，积极研究尚未盈利的互联网和高新技术企业到创业板发行上市制度，研究制定“同股不同权”科技企业上市融资的相关配套细则；强化新三板服务创新型、创业型企业的定位，实施面向合格投资者的股票公开发行与交易，形成差异化的投资者适当性、信息披露和监管制度，建立多层次股权市场合作对接机制，促进各层次市场的有机联系；规范发展区域性股权市场，推动建立工商登记部门与区域性股权市场的股权登记对接机制，支持股权质押融资，研究探索非上市股权质押。

加快完善促进创投健康发展的长效机制

——“双创”专题调研报告之九

邓林　马志刚

创业投资兼具金融和产业属性，不仅能为创新创业的不确定性提供风险补偿，弥补银行融资还款周期短、对硬资产要求高、风险偏好低的缺点；而且能够为初创企业嫁接行业、金融资源，提供“长期帮扶”式支持，是推动“双创”发展不可或缺的重要资本力量。目前我国创投发展总体滞后，对创新创业的支持作用尚未较好发挥，尤其2018年以来，募、投、管、退多个环节遭遇了比较严峻的挑战。调研中很多同志认为，创投面临的这些情况，除了市场环境变化的影响外，更多是政策定位问题。应加快完善符合创投特点的政策体系，形成促进创业投资机构稳定健康发展的长效机制。

一、在内涵界定方面，应缩小创投机构边界

股权投资按被投企业所处阶段，可划分为种子期的天使投资、早期和成长期的风险投资以及扩张期的私募股权投资。而现

有政策法规将这些不同阶段的投资类型都定义为创业投资，过于笼统、宽泛，且缺乏量化标准。这就导致在具体操作实践中，对天使和早期投资的差异化支持政策很难落地，真正处于创业早期的项目较难获得投资支持。有些地方还把创投机构与买卖股票的证券投资基金等同，将其简单地当作虚拟经济来对待，这对其工商注册产生很大影响。有创投从业人士反映，注册时需层层审批，耗时长、手续繁杂，2018年以来，一些地区甚至暂停了投资公司、基金类公司注册。

调研中不少创投机构都建议，要充分考虑创投机构投早、投长、投小、投新的特点，明确创投机构基本内涵，缩小概念边界，对投资早期企业的真正的创投机构给予财税优惠、提供更完善更便捷公共服务，以鼓励社会资本更多流向小微科技初创企业，流向基础研究和关键技术投资。有的还提出，可将创业投资界定为A轮以前的初创期，投资额不超过1000万元，占股不超过20%。在注册登记时，应把创投机构和其他金融机构区分开来，不能“一棒子打死”。

二、在金融政策方面，应开展差异化监管

2018年以来，对表外融资的控制和对金融乱象的打击加强，创投机构也和其他类型的资产管理机构一起“吃药”。一是融资环境收紧影响了创投基金的募集。尽管2018年4月颁布的资管新规明确对创业投资基金、政府出资产业基金另行规定，但在相关细则出台前，一些监管部门和金融机构实际上采取了“从紧”做法。比如有从业者反映，某银行之前曾作为有限合伙人（LP）参与多家基金的设立，但目前已基本不再进行后续的注资；原来募资几十亿一般平均3个月完成，2018年要用13个月。在此情况下，

有限资金只流向少数头部优质机构，中小型创投机构“受伤”更深。二是存在一些规范创投机构与其他金融乱象“一刀切”现象。总体上看，非法集资相当多是集中在P2P网贷领域。但随着各地P2P风险开始暴露，正规创投机构也被迫跟着一起收缩。一些地方在清理股权基金明股实债项目时，也将创投机构列入清理范围。此外，创投项目的退出，长期以来受到多层次资本市场不健全的制约，特别是在资本市场低迷的时候，这种制约就会表现得更加明显。

调研中很多建议认为，作为一种非标准化金融产品，创业投资相对贷款、债券等更容易出现信用问题，需要对一些盲目扩张的创投机构强化监管，但也要看到创投机构与其他金融机构的差异，处理好风险防范与促进发展的平衡。应改变为免责而进行的“一刀切”式监管，制定差别化的创投监管要求和评价量化指标。在《私募投资基金管理条例》等后续出台的政策中，应明确对创投基金的支持态度，防止金融政策调整对创投基金的误伤。同时，应对滥用创投概念的行为进行规范整顿，维护行业声誉。

三、在税收政策方面，应充分体现创投自身特点

创投机构盈利和缴税方式与一般企业有所差异。一方面需要用个别成功项目的收益覆盖多数项目的损失；另一方面盈亏存在时间上的滞后，通常是前两三年纯投入，然后是优秀项目退出、盈利，最后是处理亏损项目。一般企业实现了利润、抵扣了亏损才需要缴税，创投机构在盈利年度缴税，而亏损年度无法抵扣。很多地方税务部门在创投机构单个项目退出时即向创投机构征税，但事实上其退出收益可能还无法覆盖所有的投资亏损。这种缴税模式尽管更方便税收征缴，但对创投机构是不公平的。

一些业内人士建议，创投的投资对象大多是高新技术企业，对创投机构或基金合伙人，应探索研究比照高新技术企业享受所得税优惠税率和抵扣政策，以鼓励其对科技型中小企业的投资。从美国对创投资本征税的做法来看，其资本利得税率相对较低，这是催生出硅谷科技奇迹的一个重要因素。同时，应明确区分作为管理人的合伙企业和作为基金产品的合伙企业，依照不同收入性质确定税种、税率。

四、在市场管理方面，应合理放权、优化方式

加强登记备案管理，对规范市场秩序具有重要意义，但目前有些备案前的要求过高，以致演变成新的审批，增加了机构合规成本，形成一些隐性壁垒。有创投机构反映，投资经理大部分时间在现场看项目、做尽职调查，但备案时对办公条件的要求特别高，这是不合理的，有好的办公楼不一定就代表有高水平的投资能力。同时，市场监管方式也应进一步优化。目前股权基金仍存在着市场分割、权责不统一的情况。比如，一些引导基金处于发改、证监为主的体系下，一些挂靠在地方财政厅，权责划分不明、监管标准模糊，各地政策也尚未做到统一协调。

调研中很多金融管理部门和企业都建议，应进一步破除体制障碍，减少微观管理、直接干预，更多采用对基金、高管、从业人员建立信用档案等方式，对创投机构进行自律管理。同时，明确引导基金监管的权责归属，加大对违法违规行为的打击力度，避免产生监管真空或监管套利。

五、在自身建设方面，应鼓励专业化市场化发展

调研中，我们还发现创投机构自身有两类问题比较突出。

一方面，专业化发展不足，同质化现象较为严重。创投是需要“工匠”精神的领域，但近几年一些创投机构急功近利，热衷于追逐风口，对真正需要专业知识、研发周期长的技术创新项目却涉猎较少。这种倾向加剧了一些行业“虚假繁荣”和快速兴衰，也导致一些对实体经济转型升级有重要意义的项目出现“缺血”状态、对被投企业的赋能作用发挥不够。某归国创业人员说，创投机构投资后就很少再跟他们联系，对企业面临的实际问题过问很少。另一方面，国有基金份额日益扩大，但市场化程度低，运行效率不高。近几年，政府引导基金快速增长，成为市场中重要的出资方，但由于政策目标过多，钱不好拿、不好花问题突出。不少早期投资人反映，一些引导基金对投资领域、投资区域、返投当地项目的出资比例有严格限制，过分追求安全性。而且，国资考核大多一年一次，而风险投资收益往往短期内很难体现。另外，国资进入创投市场也有一定的制度障碍。比如，有限合伙制现在较为普遍，但按规定国有独资公司、国有企业等不得成为普通合伙人（GP）。

不少同志建议，应通过制度创新强化各类引导基金在投资、内部管理和退出方面的市场化运作能力。改革激励及分配机制，完善相应的考核、审计标准，使国有资本和民间资本有效对接，共同发挥好支持“双创”的作用。政府部门以及各类创新创业平台在对创投机构提供支持时，也应该把投后服务作为提供优惠政策的重要依据，激励创投机构更多提供增值服务。

打造专业化市场化的“双创”平台

——“双创”专题调研报告之十

刘军民　陈黎明　徐紫光

近年来，各地各类“双创”平台（包括创业苗圃、众创空间、孵化器、创新工场、创新基地、加速器、创业园等）如雨后春笋般大量涌现、快速发展。据有关部门统计，2017年全国备案的众创空间超过5700家、孵化器4000多家、大学创业园115家、加速器500余家，各类“双创”平台孵化的科技创业团队和企业近60万个，带动就业创业人数超过300万。总的看，各类平台广泛汇聚了各种创新要素和资源，已成为大众创业、万众创新的重要载体和有效支撑，对推动“双创”发挥了重要作用，但同时也存在不少问题。此次调研，我们重点考察了有关地区众创空间、孵化器等“双创”平台的运行情况，有关问题和建议报告如下。

一、服务能力水平总体不高

有相当多的“双创”平台仅能提供场所、工位、网络、会议设施等基础服务，面向细分领域以及差异化的专业化服务能力不足，专业信息、研发设计、检验检测、供应链整合、市场渠道、投融资支持等专业服务能力尤为缺乏。北京市科委调研显示，该市众创空间在供应链服务、科研条件、市场开拓等专业领域提供服务的比例一直较低，仅有20.6%的众创空间有能力提供科研条件，39.7%的众创空间能够提供供应链服务。湖北省反映，很多“双创”平台没有构建起自有的天使投资和创业投资体系，缺乏对企业发展需求和基金投资方向的深度研究和了解，投融资对接成功率较低。

二、同质化经营较为普遍

“双创”平台的发展目标在于培育新的产业业态和经济增长点，发展模式和定位应充分结合所在城市和地区的产业基础及要素禀赋，特别是产业布局与规划。但多数“双创”平台建设时注重运营模式而忽略产业领域的选择，未能契合区域产业发展战略定位，加剧了同质化竞争。调研中有企业反映，很多“双创”平台的设计理念、组织形式、服务内容大同小异，缺乏专业化、差异化、特色化经营战略思维，要么偏好引进电商服务型等技术含量低的“短平快”项目，要么热衷于“跟风式”引进人工智能、生物技术、无人机、3D打印等项目，既没有结合当地的产业结构和资源禀赋，也没有从提供专业化和差异化的服务方面去提升水平。

三、盈利模式相对单一

从调研情况看，多数众创空间盈利模式单一、造血机制不足、成长性差，主要依靠政府资助和工位租金为主，停留在做“二房东”层面，没有形成可持续的运营服务模式。北京市的一项调查反映，超五成的中关村孵化器的营业收入主要都来自工位租金。湖南省调查显示，以密集型楼宇、标准厂房出租为主的创业基地约占20%，主要为中小企业落户提供标准厂房或出售工业用地的创业基地约占43%。武汉东湖新技术开发区反映，多数“双创”服务平台处于未盈利状态，缺乏高端增值服务能力，收入源仍以房租等基础服务为主，仅少数机构存在投资收益。由于“双创”平台服务收费普遍较低，在政策扶持期勉强维持生存，政府补贴一旦“断奶”，有的平台就难以运行、生存下去。少数项目借“双创”之名行房地产之实，更有甚者就是为了套取补贴而建设、滥竽充数，不利于形成健康的“双创”氛围。

四、政策支持割裂分散

近年来，各级各部门都纷纷加大“双创”平台的建设扶持力度，包括建设补助、运营补贴、税费减免、房租减免或用房补贴，但政策执行中多头管理、条块分割、各自为政，政策碎片化严重，“撒胡椒面”的现象较为突出。湖南省反映，科技部门负责“众创空间”和“科技企业孵化器”的认定和备案，发改部门负责“双创示范基地”和“产业创新中心”认定，经信部门认定“制造业创新中心”“小型微型企业创新创业示范基地”和“中小企业公共服务示范平台”，人社部门认定“创业孵化器”，农业农村部门认定“星创天地”，等等。与之相关联的是，资金和政策扶持对象重复交叠，没有形成统一协同的工作机制，难以形成政策合力。

五、专业人才尤其匮乏

“双创”平台的快速扩张，也一定程度出现了运营管理团队水平和专业服务难以跟上的问题。一些平台从业人员对“双创”

载体的认知仍处于模糊阶段，懂运营的专业人员凤毛麟角，这已成为制约“双创”平台运营管理能力提升的重要因素。据车库咖啡统计，参与“双创”平台运营人才培训的人员中，具有平台运营1年以上经验的比例仅为10%。另外，专业服务人才的薪资要求与“双创”空间能负担的工资不匹配，如投融资中介服务需金融行业专业人才和相关从业经验，但“双创”平台能够支付的薪资显著低于金融行业，很难吸引专业人才。

“双创”上水平，很大程度上有赖于众创空间等“双创”平台上水平。针对上述问题，建议坚持市场化导向，加快建设专业化、集成化、网络化的“双创”平台，更好为各类“双创”主体提供低成本、便利化、全要素、开放式的创新创业服务。

一是科学布局规划。引导各地区根据资源要素禀赋、产业发展定位及优势细分市场，建设垂直细分领域的“双创”平台，发挥其在产业链中的重要作用，为入驻的创业团队打通和对接上下游资源。优化“双创”平台建设布局，向战略性新兴产业等专业化“双创”平台倾斜支持，避免同一区域内无序引入和同质化建设，防止过度稀释现有创新创业资源。引导各地明确各类平台主要建设内容，突出各自特色，统筹同一行政区域内的平台建设规划，避免重复建设，减少资源浪费。

二是强化技术支撑。引导“双创”平台加快与研发设计、科技中介、科技金融、成果交易等公共服务平台的对接。鼓励龙头骨干企业开放自身研发、试验等资源，建设面向小微企业的“双创”平台，构建雨林式创业生态圈。支持地方企业与中央企业合作，围绕地方优势产业联合建设一批研发、试验等行业公共服务平台。完善科技资源开放共享机制，进一步开放科研院所大型科学仪器设备、科技文献、科学数据等，开放事业单位的标准计量、检验检测、认证认可等质量基础设施，降低创新创业成本，提高创新创业质量。

*三是优化财税支持。*建立健全“双创”平台考评结果与财政支持挂钩的激励机制。更多采用政府购买服务等间接支持方式，扩大创新券、创业券的使用范围。落实对“双创”平台的税收优惠政策，支持符合条件的众创空间、孵化机构享受高新技术企业相关优惠政策。加大对专业化平台采购专业化设备、提供技术交易、知识产权、科技金融等方面服务的财政资金支持，并给予针对性税费减免。

*四是加强政策统筹。*促进科技、发改、金融、财税、人才等支持创新创业政策措施有效衔接，有效集成各类产业扶持政策对“双创”平台及“双创”企业的支持。充分发挥市场在创新资源配置中的决定性作用，搭建高层次资源共享平台，大力引导各类“双创”平台资源整合，横向打通区域类、高校院所类和企业类基地之间等的体制及行业屏障，纵向打通行政管辖与地理区划屏障，形成各类“双创”平台资源共享、成果共享、互联互通的新局面。

*五是实施动态管理。*建立“双创”平台质量管理、优胜劣汰的健康发展机制。对于政府认定备案的众创空间和各类授牌的“双创”示范基地和平台，要实施严格的年检和考核评价机制，重点考核创新创业服务能力、孵化企业（项目）数量质量、基地运营、公共服务平台建设等情况。建立“双创”平台准入、评估、退出机制，根据考核结果实施动态管理，不合格的要及时“摘牌”清退。严查以会议场租、餐饮服务、公摊费用等各种名目实行绑定服务，向入驻企业乱收费，切实降低企业“双创”成本。

加快发展工业互联网 带动“双创”提质增效

——“双创”专题调研报告之十一

姜秀谦　龚健健　马衍伟

大力发展工业互联网，形成广覆盖、开放式、智能化的平台体系，对于推动大中小企业融通发展，提高大众创业、万众创新质量水平，具有重大意义。

一、工业互联网已成为“双创”的重要带动力量

近年来，全国涌现出一批大中小企业广泛参与的工业互联网平台。这些平台联通设计、研发、生产、融资和流通等各个环节，推动产业链协作和资源优化配置，为创新创业营造了融合协同共享的生态环境，促进了“双创”企业发展。

一是带动“双创”企业加速孵化、健康成长。调研中发现，一些大企业创建的工业互联网平台，吸引了大量“双创”企业上云上平台，协同联动、创新合作。一方面，创新创业企业以平台为依托，充分利用平台孵化培育功能和各种优势加快成长；另一

方面，平台主动输出专业化创新创业指导、管理培训和投资基金等，扶持它们健康发展、做大做强。比如，某工业互联网平台聚集了创新创业企业3.5万家；该平台孵化并投资的一个为游戏发烧友提供硬件设备的计算机公司，从开始有创业想法到拿出第一款产品，只用了半年时间，创业第二年销售额就超过2亿元，第三年成功挂牌新三板。某工业互联网平台通过线上线下结合、制造服务结合、创新创业结合模式，聚集带动198万家企业参与创新创业。

二是带动“双创”企业拓展业务、开辟市场。工业互联网平台通过全产业链开放和跨区域、跨领域、跨系统互联互通，催生出大规模个性定制、网络协同制造等新模式，为“双创”企业创造了大量市场机会与合作空间。比如，某重工企业的根云平台通过物联网联接各类机械、业主、使用者等，采集近万个参数，在提供生产应用服务的同时，及时发现新市场，为“双创”企业开拓超百亿元收入的新业务。某工业互联网平台为“双创”企业供需双方对接市场需求19万条。某家电企业的工业互联网平台围绕产业链带动“双创”企业在智能装备、工业软件、集成电路、新材料、工业机器人等领域开展创新创业，截至2017年为3.2亿用户提供了增值服务，定制定单量达到4116万台，实现交易额3133亿元。

三是带动“双创”企业整合资源、技术创新。工业互联网平台推动设备、技术、产品、数据的联通共享、综合集成，为中小创业者提供全过程、全要素、全生态的资源整合和创新服务。比如，河南某液压气动公司通过一家大型工业互联网云平台实现复杂产品的多学科设计优化、与总装厂所协同研发、跨企业计划排产，使产品研发设计周期缩短35%、资源有效利用率提升30%，生产效率提高40%，产品质量一致性得到大幅度提升。北京某软件企业的云平台通过实时采集工业现场的智能仪表、传感器和自控系统的海量数据，进行在线分析和挖掘，利用能源云、高铁云、炼铁云、风电云等10个工业互联网子平台，为“双创”企业节能管理、设备效率提升、降低废弃物排放提供实时分析、管理和决策，累计服务创新创业企业近万家，帮助他们每年实现创效上百亿元、减排上千万吨。

二、工业互联网带动“双创”发展需要补上四个短板

总的来看，我国工业互联网建设仍处于起步阶段，发展基础和技术创新能力较弱，对“双创”企业互联集成整体水平不高，带动创新创业动力不足。

一是网络基础设施滞后制约了“双创”企业互联互通。打造低时延、高可靠、广覆盖的网络基础设施，是实现创新创业全要素各环节的深度互联的前提。企业反映，部分地区宽带网络速率和带宽不能满足工业设备联网需求，尤其是中小企业互联网专线接入不够，资费水平高，限制了“双创”企业的参与规模。有些创业企业工业网络技术能力弱，网络化水平较低，难以满足工业生产系统精准实时对接的要求。还有些企业对设备上网意愿不强，对如何利用工业互联网开展创新创业也知之甚少。

二是平台建设低端化同质化碎片化制约了对“双创”企业的带动提升。工业互联网平台是创新创业企业智能化发展的核心载体。从调研情况看，除了海尔、航天云网等少数大型企业的平台建设水平较高、具有相对的差异化能力外，大多数企业平台还处在由自动化向信息化的过渡阶段（工业2.0向3.0过渡），开发工具、APP质量和数量、第三方开发者引入等方面都相对落后，同质

化现象明显。工业互联网平台不成体系，特别是缺乏以龙头企业为引领的能为“双创”企业提供综合解决方案和全域覆盖能力的平台体系。这使平台对创新创业企业吸引力不足，缺乏跨行业和垂直领域的聚集带动能力。

三是资源整合能力弱制约了“双创”企业聚合创新。只有各种资源关联开放共享，工业互联网才能对创新创业进行催化赋能。调研发现，由于缺乏具有全产业链整合能力的龙头企业支撑，大部分工业互联网平台在创新创业资源聚集上呈现散、小、弱的特点。创新创业所需要的上下游各类资源分散割裂、“信息烟囱”林立，导致平台在设计、生产、创新应用等环节的资源综合集成能力和聚合创新能力严重不足，不能形成“双创”技术和市场相互促进的良性循环机制。

四是风险防控体系不严密制约了“双创”企业安全深度上网。工业互联网往往涵盖成千上万的设备和端点，网络—物理安全易攻难守。有平台公司反映，现在大量工业设备暴露在公网上，有的没有任何安全防护措施，这些漏洞一旦被黑客利用后果不堪设想。

三、进一步提升工业互联网对“双创”的带动作用

要积极谋划，努力推动工业互联网发展，更好带动创新创业。

一是加强网络基础设施建设，打通“双创”企业上网高速路。以宽带网络建设改造为抓手，加快形成覆盖各地区、各行业的网络基础设施，为创新创业企业联网创造条件。结合企业创新创业数字化、网络化、智能化需求，加强数据采集、汇聚、分析的服务体系建设。鼓励低成本模块化的制造设备在“双创”企业

应用，通过技术改造、智能制造、工业互联网等专项资金，帮助“双创”企业加速提升设备设施自动化、数字化、网络化水平，加速推进“双创”企业上云。

二是充分发挥龙头企业先导优势，建成一大批“双创”企业云集的平台体系。针对许多工业互联网平台对“双创”企业带动力弱的问题，开展平台建设试点示范。可以充分发挥信息化程度高、国际竞争力强的龙头企业优势，建设一批高水平企业级工业互联网平台，带动形成多层次、系统化的平台体系，以此为依托为创新创业企业开展供需对接、供应链集成、智能生产和远程服务等，促进大中小企业融通发展。

三是加大资源开放共享，增强“双创”企业的聚合创新能力。通过多种资源互联上网、促进多平台互联互通等方式，着力增强平台的资源集聚能力，为企业创新创业开放共享先进技术和市场资源。支持“双创”企业利用工业互联网平台，有效整合设计、生产、运营等环节的各类资源，开展协同设计、众包众创、云制造等创新应用，构建设计、生产与供应链资源有效组织的协同制造体系。

四是加快构建工业互联网标准体系，打造“双创”企业互联互认的通行证。根据工业互联网标准化要求，抓紧开展基础共性、核心技术、应用服务、安全等标准研制工作，为创新创业的工业互联网应用打开方便之门。打造符合创新创业所需和市场驱动的标准应用推广体系，实现标准化生态全面融通。健全工业互联网标准化组织，发挥组织协调作用。

五是强化风险防范，为“双创”企业安全网游保驾护航。工业互联网安全风险不仅危及平台体系和“双创”企业，还直接影响工业、经济乃至国家总体安全。必须加强安全技术手段建设，完善监测预警和应急处置机制，落实企业主体责任，强化政府部门监管责任，形成国家、行业、企业协调联动的工业互联网安全工作格局，切实提升安全防护水平。

发展创新创业教育 厚植“双创”土壤

——“双创”专题调研报告之十二

刘一鸣 马志刚

创新创业教育是促进大众创业、万众创新上水平的重要支撑。近年来，我国深化创新创业教育改革，取得了一定成效。但与西方发达国家相比，我国创新创业教育起步较晚，发展不平衡不充分，亟须精准发力加快发展。

一、创新创业教育发展不平衡不充分的表现

调研中很多同志认为，总的来看，我国尚未建立起完备高效的创新创业教育体系，多数地方创新创业教育还是浮于表面，在培育精神、传授知识、开展实践等环节呈现出“点状”发展态势。主要表现为：

对创新创业教育的认识不到位。一是对其重要性认识不足。认为创新创业教育只是面向少数找不到工作的人，是应对就业难的权宜之计，并且简单地用“是否赚钱”来评价创新创业教育的质量。二是重创业轻创新。认为创新创业教育就是教学生怎么开

办公司和怎么自己做老板赚钱，把创新和创业割裂开来，忽略了创新创业的内在联系。三是对创新创业精神的培育重视不够。创新创业教育多为简单的开办企业知识介绍，缺乏人格品质和头脑思维的锻炼。并非每个人都会开展具体的创新创业活动，但是创新创业中所蕴含的自我挑战、开拓进取的精神却是人人都需要学习的。

创新创业教育还未融入人才培养全过程。一是学校之外的创新创业教育存在缺失。创新创业教育的主体较为单一，无法覆盖人才培养全过程，学校之外的主体开展创新创业教育较少，虽有部分从事创新创业教育的企业，但其业务覆盖人群较少。二是主要集中在大学阶段。现在普遍的情况是在大学中基本都开设了创新创业教育课程，但在中小学阶段开展创新创业教育的案例不多。三是课程设置缺乏连贯性。不少高校的创新创业课程集中在大学一年级和四年级开设，“两头重、中间轻”，学生不容易将所学知识系统化。

师资队伍建设滞后。一是高校创新创业教育师资队伍结构不完善。一方面，教师中具有创新创业经验的，尤其是具有成功创业经验的较少，课堂讲授多是纸上谈兵，在教学中很难做到理论联系实际，教学方式方法单一，针对性实效性不强。另一方面，为解决专业教师创新创业经验不足的问题，很多学校或企业还会聘请创业成功人士为兼职创新创业导师。但是在实际操作过程中，兼职导师可用于指导的时间较少，不能够很好地帮助创新创业学生和学员。二是企业或社会机构中从事创新创业教育的人员鱼龙混杂。专业从事创新创业教育的人才匮乏，多是“挂羊头卖狗肉”，有的人简单地把所谓“成功学”生搬硬套为创新创业教育。

课程体系不够系统和完善。一是创新创业教育与专业教育仍然是“两张皮”。例如高校的创新创业课程多以选修课或第二课堂的形式出现，课程分散且与本身的专业课程相互独立，导致创新创业教育与专业教育脱节。二是创新创业教育课程较为单一。多由经济、管理学院等院系承担，教学内容比较陈旧，缺乏结合专业实践的案例分析，对学生的实际指导意义不强。在社会上，相关培训机构的课程有把创新创业教育简单地等同于职业规划、求职培训的倾向，忽视了创新创业精神和批判性、创造性思维的养成。

与实践存在脱节现象。创新创业实践形式较为单一，在学校学生多以参加“挑战杯”等竞赛来增加创新创业经验，创新创业实践平台缺乏。虽然这些年也出现了许多众创空间、孵化器等平台，但是功能还不够健全，作用发挥不够充分，没有形成完善的创新创业平台体系，难以有效满足创新创业教育实践需求。

二、打造创新创业教育升级版的建议

第一，从加快建设创新型国家的高度来认识创新创业教育。我国拥有世界上规模巨大的人力人才资源，要把人力人才资源转变为推动创新发展的强大动力，迫切需要构建系统完备的创新创业教育体系。要找准创新创业教育的发展定位，全面提高人才培养质量，以创新创业教育的升级助推“双创”升级，努力为加快建设创新型国家造就一批又一批规模宏大、富有创新精神、勇于投身实践的创新创业人才队伍。

第二，加强大中小学创新创业教育。借鉴发达国家的成功做法，将创新创业教育纳入到初中、高中、大学整个教育体系之中，提高学生创新创业综合素质。在中小学阶段开展创新创业基础教育课程，重点宣传普及创新创业理念，培养青少年创新创业精神。同时将高等院校创新创业教育与中小学基础教育有机结合，通过举办课外活动、科技讲堂等开展创新思维拓展和实践体验，为青少年营造浓厚的“双创”文化氛围。

第三，积极吸收各方人才强化创新创业教育师资队伍。按照“在全国高校推广创业导师制”的要求，进一步完善全国万名优秀创新创业导师人才库，充实高校创新创业师资队伍，严格选拔标准、规范选拔流程，真正把那些专业素质强且愿意从事创新创业教育的各行各业优秀人才纳入进来。同时，充分调动各方力量充实创新创业教育师资队伍，积极整合创新创业教育资源，探索将教育部的全国万名优秀创新创业导师人才库、全国工商联双创导师工作、科技部科技创新创业导师征集工作等结合起来。大力推动创新创业导师进学校、进平台、进企业，采取活动演讲、培训授课、沙龙交流、评审评议等方式主动开展多种多样的创新创业指导。

第四，积极探索开设具有地方或院校特色的创新创业教育课程。因地制宜、因校制宜开设创新创业教育课程。例如，对于发达地区和具有先进科研成果、较强科研能力的高校来说，创新创业教育可以走高科技转化生产力的创新之路，创新创业教育课程可以重点培养将科研成果转化为实际应用的能力。对于中等发达地区、应用型大学来说，创新创业教育课程可以以岗位创新意识和能力的培养为主。而对于欠发达地区和高职高专类院校来说，可以把创新创业教育课程重点放在培养学生在服务业的创新创业意识上。此外，对于学校来说，还要尽快建立健全创新创业学分积累和转换制度，对学生参与创新创业活动给予学分上的认定，实行弹性学制，落实允许大学生用创业成果申请学位论文答辩的政策，从根本上鼓励和激发学生的创新创业热情。

第五，开放创新资源强化创新创业实践。要拿出切实举措，进一步激励大企业、高校和科研院所等开放创新资源，严格落实各地区、各高校科技创新资源原则上向全体在校学生开放的政策。探索以全国大学生创新创业大赛等赛事为契机，以赛促创，以市场为导向，匹配创新创业导师，为获奖项目量身打造创新创业实践计划，促进项目落地转化。不断完善各类“双创”平台的路演功能，明确对“双创”平台开放路演区进行补助的相关政策，进一步调动全社会开展创新创业实践的积极性。

加快补齐职业技能人才短板

——“双创”专题调研报告之十三

刘武通

我国经济正处于转型升级的关键时期，加快建设制造强国是建立现代化经济体系的重点任务，推动制造业向中高端发展是实现新旧动能转换的重要环节。这就要求关乎产业升级的“两个转型”必须同步进行，以简单机械加工、重复性流水线为基础的传统制造业必须向以自动化、智能化、数字化为标志的先进制造业转型，同时传统产业工人必须向新型技能人才转型。东莞作为珠三角地区智能制造重镇，不仅在制造业转型升级方面取得显著进展，而且在适应新兴产业需要的技能人才培养方面进行了大胆探索并取得积极成效，不少经验做法值得其他地方参考借鉴。

一、产业转型升级要求职业技能升级和就业结构转型

2017年东莞实现地区生产总值7582多亿元，同比增长8.1%，增速高于同期全国、全省平均水平，其中第二产业增长9.2%，先进制造业比重首次超过50%，全市国家高新技术企业总数位居全省

地级市首位。东莞作为广东对外开放的前沿城市之一，从加工贸易起家，产业多年以劳动密集型制造业企业为主体，劳动力以一般技术工人为主力。近十年来，国内外经济形势和市场环境发生很大变化，机遇与挑战并存。东莞曾经面临的人才和就业结构问题也是全国很多地方如今和未来将面临的问题。东莞因时而变、勇于求新，不仅在产业转型方面走在前头，而且在就业结构和人才战略调整方面也成功布下“先手棋”。

一是应对劳动力等生产要素成本持续上升的挑战。2008年国际金融危机爆发后，世界总需求大幅萎缩，国际贸易连年低迷，依赖出口的企业和地区都面临较大压力。近年来，随着我国人口老龄化日益突出，“人口红利”趋向消失，劳动力用工成本也随之显著上涨，劳动密集型产业的竞争优势遭到削弱。东莞为寻找节约人工成本途径，开始转向产业升级的发展模式。2014—2016年，东莞投入6亿多元，连续三年实施“机器换人”的产业升级政策，主要集中在电气机械及设备制造业、电子信息制造业以及包装印刷业，新增设备76315台（套），劳动生产率平均提高2.36倍。

二是抓住新一轮科技革命和产业变革的机遇。近年来，以人工智能、大数据、量子通信、物联网、生物技术等为代表的新技术、新材料不断涌现，催生出大量的新产业、新业态、新模式。东莞果断抓住机遇，利用新科技革命成果一手打造创新型产业，一手改造提升传统制造业，重点是推动自动化、智能化。高水平技术技能人才队伍建设迫在眉睫。

东莞产业升级和智能制造的新探索最初也曾遭到质疑，主要有两个顾虑。一是就业问题。新技术的普遍使用必然产生“人工替代”，引发部分工人的离岗甚至失业，如何安置涉及社会稳定。二是新型技术工人缺口问题。新技术、新机器、新标准、新工艺的采用，需要与之相匹配的技能人才，传统流水线工人难以适应高水准的技术类岗位，可能出现用人“青黄不接”的尴尬局面。

事实上，东莞推行产业升级计划和打造智能制造业集群的过程中，并没有出现严重失业问题。2017年东莞33家代表性企业调查报告显示，3万多人的用工总规模，虽然比2014年减少6.8%，其中一线普工减少7.4%，但技工增加14.7%；分流的一线员工，36.5%被企业内部流转吸收，63.5%被其他企业录用。东莞利用工业生产及服务业体系完备的优势，将产业升级释放的20多万劳动力很快流转和实现再就业，且每年替代普工占全市用工总量保持1.6%左右的适度节奏，因此非但没有冲击就业市场，反而对稳增长作出不少贡献。

东莞能够在新形势下“做活棋局”、赢得主动，最重要的经验就是在人力资本和就业结构上做文章。果断实行一揽子的智能制造技能人才培训计划，帮助离岗的员工通过培训成为技术人员，在原企业的新岗位上实现就业。这样既提升企业用工效率，又优化了就业结构，可谓兼顾升级和就业一箭双雕。据社科院等机构研究，在制造业领域职工教育年限每增加1年，劳动生产率就会提升17%，由此预测2030年前劳动力受教育年限平均每年增加0.1年，可带动我国经济增速提高1.7个百分点。技能培训和高技术人才培养不仅有助于应对经济下行压力，而且将为企业奠定未来竞争优势的坚实基础。

二、东莞围绕智能制造培养技能人才的主要做法

智能制造相对于传统制造业，对自动化设备研发、设计及维护等技术技能岗位需求增加。东莞的目标不仅是成为“智能制造中心”，同时也要打造“技能人才之都”，并制定了全面系统的

人才培养及培训计划。

发挥技工院校人才培养主渠道作用。支持通过技工院校全面系统的专业化技能教育，保质保量培养合格的技术人才。根据产业转型升级方向调整专业设计，全市技工教育形成了数控、模具、工业设计、服装等为重点的骨干专业格局。目前市内8所技工院校共有在校生2.2万人，其中某技师学院理工科类专业占比超过80%，高技生占比达到95%，年均就业率达99%。

建设多元化技能培训平台。建成首个公益性高技能公共实训中心，着力建设现代制造、精密模具技能训练等培训中心，与知名企业合作共建智能制造人才培养基地，联合举办“高训智造”、模具工业智造趋势峰会等活动。推动镇街立足产业特点建立“一镇一品”技能人才培养平台，开展智能制造等精品课程培训。开展“大众创业、万众创新”活动，定期举办先进制造业、现代服务业领域各类技能竞赛，建立技师工作站，选树关键技术岗位“首席技师”，激励开展技艺传授。

建立完善校企合作培养模式。自2010年起每年组织大型校企合作洽谈会，邀请全国300多家院校与1000多家本市企业见面对接，大力开展“订单式”人才培养。某技师学院承接国家人社部首批新型学徒制试点，为全国探索有益经验。技师学院还同多家大中型企业建立校企合作关系，共建人才培养基地，推行产教学深度融合。

加强国际合作培养专门人才。某技师学院在广东率先引进德国“双元制”、英国“现代学徒制”等先进职业教育模式，建立培训鉴定中心，共建数控技术和机电一体化两个专业德国标准化“学习型工厂”，开设中德、中英、中美、中加等近70个国际合作班，设立机电一体化、数控加工、机械产品设计、模具设计与制造、汽车机电等智能制造相关专业。

实施培训资助和人才入户政策。在广东率先设立自主参训补贴模式，不久在全省推广。从2014年起劳动者不分户籍，参加培训并获得资格证书者即可获得最高3500元补贴，实现技能培训政策均等化。推出新的人才入户管理办法，2016年以来核准人才入户资格8.24万人、随迁12.03万人，入户规模是前三年的5倍多，其中技术技能型人才近40%。

三、大力培养技能人才的政策建议

要实现创新驱动发展和建设制造强国，不仅亟须一大批科技前沿领军人物、有国际视野的企业家以及在各领域杰出的创新人才，也离不开成千上万生产岗位上的技术技能人才。要从战略高度和长远角度看待新型技能人才培养问题，它关乎打造经济发展新动能和改造提升传统动能的最终成败。当前我国经济迈入高质量发展阶段，正处于新旧动能接续转换的历史关口，建设适应我国经济发展新需求的专业性技能人才队伍的任务更加艰巨而紧迫。

第一，制定技能人才发展战略规划。应从国家层面进行顶层设计，尽快制定适应未来先进制造业和高端制造业发展的技能人才培养战略规划。由人社部牵头统筹，聚焦重点领域，以与省市共建方式，在多元评价、产教融合等方面率先建立一批示范性体制机制。进一步深化和完善职业教育体系，支持企业、院校及机构围绕智能制造等产业发展开展技能人才“订单式”培养，推动职业院校混合所有制办学试点，促进人才培养与制造产业需求精准对接。可考虑有计划有步骤引进符合中高端制造业发展需要的技术型硕博人才。将先进制造、智能制造技能人才培养纳入各省市创新发展战略，在创新平台及资源使用上给予特殊政策。

第二，加大技能人才培养资金投入。增加职业教育及技能培训的财政支出，进一步完善国家与职业教育体制相关的税收优惠、财政补贴等制度，解决各类技术类院校缺资金、办学难问题。设立国家层面的技能人才培训财政专项资金，用于支持各地开展的制造产业中高端人才实训、联训、技能竞赛及民办技能培训鉴定机构等。针对一些用工总量较大、户籍与非户籍劳动力倒挂严重的地市，建议考虑建立以常住人口为基数的财政转移支付制度，在资金支持上予以适当倾斜。建议尽快开展失业保险金综合使用地市试点，在不违背国家就业促进法等相关法律规定的前提下，允许失业保险金用于国家职业资格培训补贴的同时，也可用于自主开发人才培养标准的技能人才培养。

第三，完善职业技能培训政策支持。实施资助性技能培训政策，优化培训结构，为传统制造业员工实现高技术岗位再就业提供充足保障。结合全国制造产业分布情况，进行工业机器人、电子信息、模具制造等高技能公共实训基地网络化建设，为急需企业就近就地提供技能培训服务。加大国际合作力度，充分学习和引进西方发达国家在职业教育及学徒制方面的成熟经验做法，特别是由企业和职校共同培养技能人才的“双元制”模式应积极借鉴推广。紧扣高技术产业需求，推广建设“技师工作站”，树立行业标兵和技术带头人，鼓励实行“名师带徒”方式，提倡和弘扬“工匠精神”，结合大众创业、万众创新活动开展多种形式的技能竞赛，形成“比学赶帮超”氛围。

第四，健全国家职业技能培养评价体系。根据《劳动法》编制的《中华人民共和国职业分类大典》，是我国目前确定职业分类、制定职业技能标准、实行职业资格证书制度的主要依据。《大典》自1999年颁布以来，曾在2015年进行修订和更新，但对智能制造兴起带来的新工种未能覆盖。比如，工业机器人应用、安装调试、维修及设备管理等急需的职业工种仍缺乏培养评价标准。建议国家层面尽快对智能制造等新业态工种标准进行开发，为我国相关产业人才培养、提高劳动力技能素质提供明确遵循。

运用“双创”推动制造业动力变革的上海实践

——“双创”专题调研报告之十四

邢建武　苑衍刚　刘一鸣

制造业动力变革是经济转型升级的关键，也是“双创”可以大有作为的重要主战场。最近，我们赴上海，就如何运用“双创”模式，通过打造大批功能性“双创”平台和“双创”示范基地等，推动制造业动力变革问题，进行了专题调研。从实践情况看，经过一段时期的艰难调整和痛苦转型，上海市制造业已经进入新动能加速扩张、传统动能焕发新颜的新时期。在这一过程中，“双创”发挥了重要作用，上海的先行经验值得总结借鉴。

第一，以突破核心技术为引领，推动制造业整体创新并向全球价值链中高端迈进。上海通过实施产业创新工程、技术改造焕新计划和建设功能性融通创新平台，在工业“四基”及产业技术基础、产业链协同等48个重点方向布局技术攻坚，推动企业改变原先依赖引进技术、产业链掌控力零散薄弱的发展惯性，突破了一批具有标志性的核心零部件、关键基础材料和先进基础工艺，实现自主创新实力跃升。还首次将软件、专利、试验、检测等“软投入”要素，纳入技改政策支持范围。如某液压系统公司持续加大研发创新投入，联合高校、科研院所攻克关键先导伺服技术、超高压阀体材料等技术。但从全国和上海情况看，制造企业普遍研发投入不足，创新能力不强。这既表现在传统行业有大量高端设备、基础材料、关键零部件、基础工艺需要进口，也表现在机器人等新兴产业关键核心技术缺乏。比如石墨烯，我国研发主要集中在复合功能材料领域，如储能材料、涂料、改性纤维等，而发达国家已覆盖了通信、电子、医疗健康、仪器设备等多个领域。如不切实增强原创性核心技术供给，我国新兴产业可能又会走上低水平重复投入、高端产业低端化发展的老路。建议：强化制造业全创新链布局，协同推进基础研究、应用开发、产业培育、规制变革与应用示范，从单点突破向体系化提升迈进。围绕制约产业发展的关键核心技术和重点新兴技术，合理配置企业、高校、科研院所优势力量，形成大批形式多样、体制灵活的“科技创新联合体”，并加大人才引进和技术并购等，加快“弯道超车”。在发展方向较明确的行业，支持企业牵头实施工程化科技创新项目。

第二，以产业集群化发展为重点，提升制造业全产业链掌控力和应对风险能力。上海市聚焦打造电子信息、装备制造与汽车、钢铁、化工、生物医药、航空航天和都市产业等一批世界级先进制造业集群。如新能源汽车行业涵盖了整体制造企业、电池生产企业、零部件制造企业、互联网企业、科研机构、产业投资机构等，共同研发设计、协同突破技术、协作打开市场。其中，仅某燃料电池企业的成长，就培育带动了电池系统、电堆、膜电极、双极板、空压机等100余个上游环节和配套加氢设施发展，同时也给下游整车、氢气制备等行业带来新的机遇。这种协同发展模式，既延伸产业价值，又增强产业核心竞争力和安全性。这方面存在的问题是：产业链发展不平衡，突出表现为靠近用户的下游行业动力变革明显加快，但上游材料、部件和装备领域转型较慢，竞争力薄弱。比如燃料电池，目前上游各环节多由相关传统产业转型而来，以分散的中小企业为主，难以承受持续高强度投入。建议：加强产业统筹规划布局，更加注重以龙头企业带动，促进全产业链上下游、左右方“抱团发展”；更加注重补齐做强产业链薄弱或缺失环节，建设一批市场化、专业化、网络化的协同创新与成果转化功能性平台，大力培育和引进相关产业。

第三，以数字化网络化智能化为趋势，开创颠覆性全新制造模式。从工业互联到万物互联再到智能制造，新一代信息技术与制造业的深度融合，正给制造业带来由批量化标准化生产向大规模个性化定制、由单一制造向跨界融合的深刻转变。上海在这场变革中没有一下子全面铺开，而是采取了从产品研发、设计、生产、服务、营销等各环节各阶段逐步渗透、预留接口、再通过互联网全面连接的办法，形成了“系统解决方案服务、支持服务、定制服务、研发设计服务、信息增值服务、网络化协同制造服务”等六大主导模式，同时建立了“平台、网络、安全、生态、合作”五大公共服务体系。在智能制造方面，上海建立了100家示范性智能工厂、1000家左右智能化转型企业，形成了离散型智能制造、流程型智能制造、网络协同智能制造、大规模个性化定制、远程运维服务等多种模式。目前全市智能制造平均提升生产效率50%以上，运营成本降低30%以上。调研中，也反映了两类突出问题：一个是数据互联与开放共享程度不够。有企业反映，目前国内很多地区都在探索开放政府数据，但有关顶层设计尚未制定，国家层面仍有大量公共数据还未开放。由于上位法律和标准规范缺失，数据不兼容，数据流通交易也十分困难，这不仅极大制约行业发展，也滋生黑市交易，造成隐私泄露问题。另一个是数据存储、传输、运用的安全风险突出。我国互联网核心技术缺失，关键信息基础设施、信息数据安全防护薄弱，一旦遭受攻击，轻则泄密、数据信息丢失，重则造成制造系统紊乱、供电中断、交通瘫痪等重大后果。建议：加强智能制造或工业互联网应用场景建设，总结推广一批各环节、各行业的智能化改造模式，支持一批系统解决方案提供商发展。设立智能制造或工业互联网产业基金，建立智能装备融资租赁等金融支持机制。实施智能化改造投资税收抵免优惠政策，将各类“软投入”纳入研发费用加计扣除、技改贴息等支持范围。同时，加强公共数据平台或以企业运营的数据平台建设，提高各行业各领域数据互操作性，同步建立数据安全治理框架。

第四，以平台化、共享化、生态化为方向，推动制造业生产方式和组织模式加速变革。从新兴产业看，上海市通过设立“四新”模式与产品推广运用专项资金，并在放宽准入和运营上充分“留白”，新技术新产业新业态新模式大量涌现，发展出共享经济、平台经济、数据经济、体验经济等新模式，而且与传统制造业快速跨界融合，对制造业的每个领域、每个环节都在进行渗透，孕育出大批新的细分行业。目前上海市“四新”经济已经占到30%，对经济增长贡献率超过40%。从支柱产业看，上下游企业、大中小企业正结成各种联盟，与用户共同研发设计，与供应商协作生产，与同行共同突破技术。不少大企业都建立了“小核心、大协作”的创新平台或协同制造平台。从企业内部看，越来越多企业成为每个人发挥聪明才智的创新创业平台，成为制造业大网络下的平台组织。从供需关系看，以消费者共创共享为核心的生产、经营、销售等生态整合模式快速发展。在家电、服装、家具、手机等消费品行业，个性化精准营销、网络化协同设计、线上线下融合、基于大数据实现场景等模式已广泛开展，消费互联网与工业互联网进一步联通。但总的看，传统制造业面对沉重的人员安置、产能淘汰、资产处置、社会维稳等压力，组织模式变革成本高、风险大、顾虑多。在新动能模式尚未定型情况下，大多制造企业处于观望、等待心态。建议：总结推广一批各行业各领域制造业企业变革组织模式、成功转型的经验做法；对新模式新业态，在财政补贴、投融资、标准制定、检验检测、行业规划、产业架构、信息数据等各方面加大引导扶持力度；支持一批赋能型平台发展，如创新创业孵化平台、融资平台、数据平台、云服务平台等。

第五，以打造高品质、提升附加值为目标，提升制造业供给体系质量。上海对标国际最高标准，提出打响“四大品牌”即“上海服务、上海制造、上海购物、上海文化”，大力发展高端制造、品质制造、智能制造、绿色制造和高复杂高精密高集成制造，力争未来3年，3家左右制造企业进入世界500强、形成8—10家制造业“独角兽”、200家左右国内外细分市场“隐形冠军”。为此，将实施名品打造、名企培育、名家汇聚、名园塑造、技术创新、品牌创响、质量创优、融合创智、集群创建、绿色创先等十个专项行动，加快迈向全球卓越制造基地。但从全国来看，“中国制造”仍然是中低端水平的代名词，提升供给质量要在产业政策、技术标准、工艺流程、工匠培育、市场引导、法规建设等软硬环境多方面做出系统性安排。建议：对中国制造，要坚持质量、标准、技术、品牌、信誉、文化建设一体化推进，在精心画好“工笔画”上功夫，推进制造业服务化高端化精细化，实现中国制造品质革命。

第六，以体制机制创新为突破口，着力释放制造业发展新活力。上海以改革开放再出发的姿态，下大力营造支持改革、鼓励双创、宽容失败的浓厚氛围，建立责任豁免条款等容错纠错机制。上海梳理了“四新经济”面临的制度机制障碍，建立了政府产业投资基金、政府采购创新产品和服务首购制度、科技成果转化“投资损失”免责政策等机制。对量大面广、包袱较重的传统制造业尤其是国有企业，采取了混合所有制改革、完善内部激励约束机制、加大全球范围并购重组等措施。目前上海市国资系统混合所有制企业已经占到67%，整体上市和核心资产业务上市企业占国资系统竞争性企业集团的2/3。如某老牌缝纫机企业，一方面走出去并购海外企业，获取高端技术及知识产权，另一方面通过国有大股东让渡股份，成为无实际控制人的上市公司，并推进管理层和核心团队持股。目前高端缝纫机市场占有率全球第一，并涉足智能制造、航空航天、新材料等众多前沿领域，拥有众多国际一流公司大客户。从全国来看，目前主要问题是企业尤其是国企体制机制变革缓慢，混合所有制和股权激励推广面较小，力度不够大，市场化并购和开放式重组进展较慢。建议：以强化激励为突破口，深化国有企业改革，加快推开混合所有制、股权激励等制度，加大股权、期权、分红等激励力度。全面实行以增加知识价值为导向的分配政策，对骨干科研人员采取更加灵活的薪酬制度和激励措施。同时，完善国企经营管理和投资决策等容错纠错机制，出台激励企业管理者新担当新作为的政策措施，划清界限、明确底线，最大限度保护敢作敢为、锐意进取的改革者。

依靠“双创”打造发展新引擎的广东实践

——“双创”专题调研报告之十五

刘武通　马志刚　张凯竣

广东省作为我国改革开放的最前沿，也是创新发展的先行者，在培育和壮大新动能、加快新旧动能接续转换、开展“大众创业、万众创新”、推动经济转型升级方面进行了大胆探索，取得了明显成效。全省区域创新能力综合排名全国第一，R&D经费投入超过2300亿元，跃居全国第一，总体上接近创新型国家和地区水平。如今，在珠三角地区聚集着3万多家高技术企业，涵盖大数据、云计算、物联网、人工智能、基因技术、新材料、生物医药等前沿领域，包括华为、中兴、腾讯、大疆、华大基因、美的、比亚迪、格力等知名企业，也涌现出一大批高成长性的“独角兽”企业。广东已形成以创新为主要引领的经济体系和发展模式，成为全国创新发展的旗帜和“双创”热土。创新作为广东经济发展的最大亮点，正在催生经济发展的强大新动能。

广东在打造新动能和推进“双创”方面的做法和经验，归纳起来主要有以下五个方面：

一是建立全方位多层次创新体系。创新不是一两个人单打独斗，而是大兵团联合作战。广东之所以成为全国创新发展的排头兵，关键在于注重培育提升各类市场主体创新能力，大力推进产学研协同发展。在珠三角地区，企业是创新的主力军，尤其是大型创新型企业，他们紧密跟踪国际创新前沿发展，深入把握国内外市场需求，有效组织相关研发机构进行科研成果转化。如华为在全球5G标准制定方面已具有一定领先地位；腾讯就大数据在交通、医疗、智慧城市等方面应用走在前列；比亚迪在新能源汽车基础上探索城市“云轨”等新型环保交通系统；华大基因则利用自身在基因测序方面的优势拓展生物医学和基因疗法。这些大企业对中小创新企业及制造业都产生“技术外溢”效应，带动越来越多的企业加快技术升级，并整合到地区创新产业链条中来。广东在大力扶持高新技术企业的同时，精心培育新型研发机构，拥有国家级创新平台超过200家、省级以上创新平台超过3000家，聚焦新技术与产业融合创办和孵化创新型企业。广东自身高校和科研机构不如北京、上海等地区多，但通过设立省部院产学研合作机制引入“外脑”，与包括北京大学、清华大学等312所高校和332个科研机构进行合作，建立覆盖全省地市的产业技术创新联盟、国家级或省级实验室，专门设立院士工作站、企业科技特派员工作站，吸引万名全国科技人员参与，不求所有、但求所用。广东积极实施粤港澳科技合作发展计划，开展粤港澳职业资格互认试点，积极推动粤港澳大湾区国际科技创新中心建设，大力构建粤港澳创新圈。在广东的大众创业、万众创新浪潮中，众创空间蓬勃兴起，创客文化深入人心。省政府设立25亿元创业带动就业专项资金，用于支持“双创”项目。广州等创新示范基地已形成“众创空间—孵化器—加速器—科技园”的全孵化链条，实现对科创企业成长全周期服务体系。深圳作为创客发源地，截至2017年底已拥有75家创客服务平台、281家创业孵化载体。

二是发挥区域产业集群优势。拥有比较完整的制造业体系，行业分工专业细致、配套生产能力强，是广东走在我国创新发展的前列的另一个原因。广东从加工贸易起家，通过生产鞋帽玩具服装等轻工产品，到各类电器及元器件，再到智能手机及电子设备，产业升级的同时也完成了区域内梯度转移，催生出无数高度专业化、精细化零配件分工的生产和服务型企业，形成各地市都有特色产业和互补优势的全产业链格局。近年来，广东又抓住新一轮工业革命的契机，将制造业与互联网、大数据、云计算、人工智能等新技术深度结合，形成新一代移动通信、平板显示、生物医药、智能制造装备等7个产值规模超过千亿元的新兴产业集群。目前，全省已建成15个国际高技术产业基地和42家省级战略性新兴产业基地，正在编制省数字经济发展规划，着力打造珠江西岸先进装备制造产业带，支持企业开展跨国并购获得技术、品牌、市场和高端制造能力等战略性资源。从“腾笼换鸟”到“脱胎换骨”，传统制造业也通过新一轮技术改造基本实现了转型升级。如东莞先后推出2014—2017年“机器换人”三年行动计划和之后的自动化智能化改造政策，收到既节约劳动力成本又提高生产效率的“一箭双雕”之效，现已形成全球电子信息产品、智能手机、国际机器人等领域战略性新兴产业基地。因为有了制造业全产业链支撑，广东创新体系的产出效率才能全国领先，科技成果才能迅速转化为新产品，新产品又带动新的市场需求，进而激发新的创新创意。

三是推动科技金融融合发展。金融是企业发展壮大的“血脉”，对新兴产业尤为突出。任何创新项目初期都有风险性，科创企业研发投资巨大，资金缺口往往成为束缚企业发展的最大障碍。解决创新领域特别是先进和高端制造行业融资难问题，才能更大限度释放生产力。深圳、广州等地目前出现的“资金找项目”现象，说明创新与资本是可以实现良性互动、相得益彰的。政府引导资金必须扮演好“创新第一推手”角色。省政府出资设立规模达71亿元的省创新创业基金，珠三角各地市设立570亿元创业投资引导基金，带动珠三角地区备案的创业投资机构近3000家，管理资本规模超1.2万亿元。全省积极实施科技信贷行动计划，如广州2015年设立规模4亿元的科技信贷风险补偿资金池，2018年6月底共撬动8家合作银行为全市1100多家科技企业提供贷款授信超过120多亿元。深圳整合70多个部门、近200个企业信息数据源，为中小科技企业提供债权和股权融资、信用评级和担保、政府扶持等一站式服务，成为聚集超过1.8万家企业和107家金融机构的有效平台。同时，为更好调动社会投资，省里专门出台对科技企业孵化器天使投资及信贷风险进行补偿的政策，打造以前海为代表的“创投孵化器”、以松禾资本为代表的“创业投资+孵化器”等模式，促进“创业创新+创投”协同发展。

四是营造高效优质的营商环境。改革开放40年来，广东特别是珠三角地区吸引了全国大量优秀人才“孔雀东南飞”，深圳更是“领航者”的热土、“冒险家”的乐园、“逐梦人”的天堂。就像美国加州的硅谷一样，在高度市场化的环境、有序保障的公共服务、自由开放的创业氛围、包容多元的城市文化的条件下，创新成果集中迸发、充分涌流就不难理解。近年来，随着体制机制改革的不断深化，可以说珠三角地区正迎来创业者的“第二个春天”。“放管服”改革进一步为创新创业松绑助力。广东的各级干部有一个普遍认识，要相信市场的力量和企业家的头脑，政府主要是做好服务。在深圳、广州、汕头、中山双创示范基地进一步深化商事登记制度改革，推行国家“相对集中行政许可权”和广东省“创新行政管理方式、加强事中事后监管”改革试点，努力优化营商环境。深圳2017年取消、下放市级行政职权175项，清理规范市直部门行政职权中介服务事项24项，全面实现省定涉企行政性收费“零收费”；在福田区实施审批全流程再造，启动政务服务全区“通办通取”，深化“不见面”审批服务，实现全区政务服务网上全覆盖，持续降低创业门槛。广州市所有登记审批全流程3个工作日内完成，换照、备案等8项简易登记事项当场审批，审批时效提速88%，进一步增加企业和群众的便利和舒适度。广东还想方设法降低企业在税费、融资、物流、人工和用地等方面的成本，推进知识产权改革上先行先试，目的就是让企业轻装上阵、再次起飞。珠三角地区外资企业多，但近年来对投资环境抱怨增多。为留住外资外企，省内各级政府在吃透领会中央大政方针基础上，采取灵活政策进一步降低外企准入门槛，在产业扶持、审批标准等方面创造内外资一视同仁、规范透明环境。截至2017年底，广东市场主体总量突破1000万户，超过全国总量的1/10，市场主体数、企业数、外资企业数、私营企业数和个体工商户数均局全国第一。

五是凝聚创新创业人才队伍。一切科技进步背后都是人的智慧结晶，人才是创新时代最宝贵的资源。正如创新就是要打破常规，对待创新人才就不能因循陈规旧例。为使各类人才得到宽松自由的环境，充分激发“双创”活力，广东各级政府与时俱进出台系列政策举措，煞费苦心为他们排忧解难。大力破除既有科技管理体制机制藩篱，实施项目全过程管理权限下放试点，探索实施中小企业创新“以赛代评”新模式，同时把财政科技经费投入方式从原有的竞争性方式转为普惠制、竞争性和科技金融等引导式投入方式，形成结果导向、市场导向的全新管理模式。在高校、科研院所实行奖励约定政策，对完成、转化科技成果作出重要贡献的人员按不低于60%比例给予奖励和报酬；明确高校、科学技术研究开发机构对其持有的科技成果享有自主处置权，相关主管部门不再审批和备案。如华南理工大学规定科技成果收益扣除5%的学校管理费后由项目负责人自主支配。针对普遍关注的课题经费报销难问题，简化优化经费管理流程，探索建立科技经费管理负面清单，合理降低经费使用门槛，允许科研经费开支人员工资，下放差旅会议费管理权限，把科研人员从繁文缛节中解放出来。各级政府为做好后勤保障，制定人才管理服务权力清单和责任清单，层层压茬落实。广州黄埔区为科学城发展提供了“全天候”保障政策机制，甚至在吸引外地和外国人才时连带考虑其直系亲属的特殊需求。深圳对在本市居住工作的近1600万非户籍人口提供同等适用的公共服务，在“十三五”时期筹建人才住房30万套，并为港澳台及外籍人才来粤工作提供购车购房和社保服务。政府服务越给力，市场活力越迸发，经济繁荣越持久。

以优化政府服务推动“双创”升级的浙江实践

——“双创”专题调研报告之十六

黄涛　张凯竣　刘一宁

近年来，在国内经济下行压力持续、外部困难挑战增多的形势下，浙江经济保持了总体平稳、稳中向好的发展态势。2018年上半年，浙江经济增长7.6%，高于全国增速0.8个百分点，并快于其他主要经济大省。经济发展的持续活力很大程度来源于创新创业的有力支撑，近三年浙江省市场主体数量年均增长29.8%，每万人市场主体拥有量1074户，居全国首位。“双创”蓬勃开展有效带动了就业增加，上半年全省城镇新增就业62.8万人，城镇调查失业率低于全国平均水平。“双创”还推动了新旧动能加速转换，上半年全省高技术、装备制造、战略性新兴产业增加值分别增长15.8%、12%和14.1%，均快于8.2%的规模以上工业增速，数字经济、平台经济等保持快速发展势头。

在推进“双创”过程中，浙江注重处理好政府与市场的关系，坚持深化改革，创新理念，完善平台，优化服务，着力打造“产学研用金、才政介美云”十联动的创新创业生态系统，推动创新创业高质量发展。

一、政策上从“鱼”到“渔”，有效发挥政府引导和市场主导作用

过去几年，一些地方政府支持“双创”的主要做法是给政策、给优惠、给资金，对于降低“双创”成本、鼓励和支持创新创业发挥了积极作用，但也存在可持续性不足等问题。要进一步提升政府部门支持“双创”政策的成效，推动政策从授人以鱼向授人以渔转变。这方面，浙江一些做法可供参考。

一是建立完善支持“双创”的组织机构。如设立“双创”省级联席会议制度、“双创”基地建设指导小组、“双创”活动周组委会等，从机制上保障各种政策的连贯性、权威性、协同性，确保“双创”主体有稳定的政策预期。

二是促进部门政策联动。如省政府出台指导性文件，相关部门出台有关细则、实施意见，并根据需要下放权限，允许区、县开展政策创新试点，确保政策“接地气”、可执行、易操作，增强“双创”主体的政策获得感。

三是更多采用市场化的办法。如推出“创新券”“服务券”，从直接补贴“双创”主体转向补贴平台，利用平台的专业化优势甄别服务对象、提供更精细服务，提高政策的针对性、有效性，同时培育壮大了平台，增强了其市场化服务“双创”的能力。2015年实施“创新券”以来累计发放14亿元，使用8.2亿元，提供创新服务22.5万次。又如，通过设立创投引导基金、科技成果转化基金等，以市场化的“投资”代替行政性的“补贴”，撬

动了更大规模的社会资本投入“双创”。截至2018年6月底，浙江省政府产业基金及与社会资本合作的子基金投资小微企业1725亿元，其中社会资本投资1401亿元。

二、环境上从“硬”到“软”，致力提升创新创业服务体系的支撑能力

过去一些地方在支持“双创”时，往往只是提供办公场所、设备等“硬”的物理空间，而在创业培训、项目融资、资源对接等“软”的方面缺乏配套，结果不同“双创”主体仅仅是物理空间上聚合，并没有产生“化学反应”，实现范围经济等预期效果。应转变思维，“软”“硬”兼施，更注重“软”的方面，完善配套服务，形成创新创业全链条“闭环”。浙江省的主要做法有：

一是持续深化“放管服”改革。以“最多跑一次”改革为牵引，全面推行“一窗受理、一网通办、一证通办、一次办结”，降低创新创业的制度性成本。2017年10月全省企业开办时间已经压缩到8.7天，优于全国平均水平，2018年计划进一步压缩到4天。

二是提供专业化全方位创新创业服务。如包括设计、研发、中试、生产的“链条式”服务，与科研院所开展合作交流的“握手式”服务，搭建工业设计展览、产品发布展会等平台的“桥梁式”服务，与行业内企业分享产业智囊、技术标准、金融渠道、品牌字号等重要资源的“共享式”服务。以浙江省中小企业公共服务平台为例，截至2018年8月份，该平台提供服务产品2.39万个，为中小微企业服务1460.6万次，组织服务对接活动2426场次。

三是搭建各具特色的“双创”载体。加快“双创”示范基地、众创空间和孵化器、特色小镇、小微企业园等建设，促进各类创新创业要素集聚融合。如义乌某饰品企业在财政支持下建

设产业创新综合体，线上开办饰品交易平台，线下建设小微企业园，吸引30多家小微饰品企业入驻，通过共享信息、渠道、物流、管理等，既拓展了自身业务规模，也带动了小微饰品企业的发展，真正实现政府“搭台”企业“唱戏”。

三、主体上从“点”到“面”，充分激发各类人群创新创业的动力和活力

在“双创”带动下，各类主体较以往明显增多，但也存在结构相对单一、层次不够丰富等问题，与真正的“大众”“万众”有不小距离，需要进一步激发全社会创新创业活力，将创新创业图谱中零散的“点”汇成整个“面”。这方面浙江主要开展了以下工作：

一是着力扩大“双创”群体规模。鼓励支持海外归国人员创新创业，累计引进“千人计划”人才2642人。出台支持事业单位科研人员离岗创业创新实施办法，截至2018年8月共有286人办理离岗备案手续，其中省直单位184人。大力支持返乡下乡人员、大学生、退伍军人、残疾人等各类创客创新创业。2017年创建75家残疾人电商创业孵化基地，新增残疾人电商就业创业2700人。

二是推动各类企业和研发机构协作融通。围绕大企业搭建孵化平台，例如某企业旗下的资源对接和赋能平台，目前已累计孵化7万多个创业企业、培养45万科技人才。促进小微企业提质升级，建立完善科技企业梯次培育机制，2018年上半年认定科技型中小企业4.4万家。加强研发资源开放共享，浙江某开发区整合区内14所高校院所的仪器设备1358台，服务小微企业等各类用户3300多个。

三是鼓励不同行业不同形态的创新创业。积极打造农创客小

镇、农业众创空间等，累计建设农村创业创新园区（基地）448个，吸引3000多家主体入驻。重点支持新业态创业，大学生初次创办养老、家政服务和现代农业企业的，享受3年10万元的创业补贴。大力扶持生存型创业，如浙江省嵊州市免费为农户提供制作小笼包的培训，目前从事小笼包的农户达5万多户，其中在全国各地开设小笼包店的有3万多人，年收入突破100亿元。

四、质量上从“好”到“优”，切实增强创新创业对高质量发展的引领

过去几年，新产业、新业态、新模式大量涌现，但其中很多是基于互联网的商业模式开发，原始创新、硬科技创新并不多，技术含量和就业质量不高；多数项目聚焦在互联网、教育、文创等轻资产领域，而在战略性新兴产业等领域布局较少，对实体经济转型升级的支撑不够。对此，浙江省采取了以下措施：

一是提升“双创”科技内涵。围绕提升科技创新能力，大力引进高层次人才和团队，2017年省财政共补助奖励7200万元支持16个领军型创新创业团队。打造科创载体，支持各种实验室和科创走廊建设。累计安排15.1亿元支持260家省级重点企业研究院建设，带动企业科技投入90多亿元。浙江某市在上海设立研发“飞地”，已孵化出9家生物医药企业。

二是强化“双创”科技支撑。围绕科技成果转化，制定有关文件，并完善配套措施，增强高校、科研院所、科技人员激励。建设网上技术市场，启用科技大市场和知识产权交易中心，推动科技成果市场化交易。2017年，全省共推动2042个授权发明专利产业化，实现产值627亿元。2018年1—5月，实现技术交易额218.5亿元，增长1.5倍。

三是引导创新创业资源向特定领域集聚。围绕传统产业改造提升和新兴产业培育，启动产业创新服务综合体建设，确定首批30家省级产业创新综合服务体创建和培育名单，下达财政专项资金3.2亿元。同时，结合地方特色和优势，着力促进数字经济、“互联网+”、战略性新兴产业快速发展，推动创新创业资源向信息技术、物联网、人工智能、高端装备、生物等重点领域集聚。

五、保障上从“服”到“扶”，注重提升创新创业主体的自生能力

打造“双创”升级版，仅仅根据“双创”主体需求做好相应服务还不够，还应坚持陪跑、扶上马送一程，做好人才、资金、渠道等方面的保障，切实增强“双创”主体的自生能力，提高创新创业的发展实效。浙江省的主要做法有：

人才保障方面，主要是建立更加灵活的引才用才制度，打造以才引才、平台引才、资本引才、高校引才、企业引才“五位一体”的引才网络体系，完善住房、教育、医疗等保障体系，提升人才服务的专业性、精准性，确保人才引得进、用得好、留得住。

资金保障方面，一是降低“双创”主体与金融机构间的信息不对称。如开创大数据云服务平台，对小微企业自动进行信用评分和排名，标记小微企业经营风险点，为银行开展融资授信等金融服务提供依据。二是拓展“双创”融资渠道。如加大财政在创业投资引导基金、贴息等方面的投入力度，推进政策性担保体系建设，鼓励创投发展等。截至2018年5月底，在浙江省备案的私募基金管理人2702家，同比增长49.9%，各类创投机构管理资本达700亿元。三是鼓励金融机构创新金融产品和服务模式。推出纯信用贷款、拓展抵质押物的范围，探索股权、应收账款、商标专用权等无

形资产质押贷款等。2018年以来，杭州地区11家银行创新推出“双创”信贷产品16款，发放贷款2203户、24.6亿元。四是支持企业借助资本市场做大做强做优。实施企业上市和并购重组计划，2017年全省新增境内外上市公司96家，上市公司实施并购337起。

渠道保障方面，开展“百场服务进园区”等一批有影响力的品牌活动，杭州市日均创新创业活动数量从2015年的4.5场提升到目前的12.3场。举办各类创新创业大赛，为“双创”主体搭建展示形象和水平的舞台。浙江某连锁摄影企业反映，公司初创时参加创新创业大赛并获得名次，不仅提高了知名度，减少了宣传费，而且上下游企业、金融机构主动与公司对接，使企业较为容易地获取了供应商、客户和资金等的支持。截至2018年8月各类创新创业大赛促成创投50多亿元，银行贷款60多亿元。

以金融创新助推“双创”发展的重庆实践

——“双创”专题调研报告之十七

牛发亮　刘斌　高强

精准有效的金融产品和服务是推动创新创业高质量发展、打造“双创”升级版的重要支撑。近年来，重庆市坚持政府引导、市场运作、多方联动，从资金供给端和需求端协同发力，在破解创新创业融资难融资贵问题上取得明显成效，有些做法可以学习借鉴。

一、探索开展知识价值信用贷款改革试点，创新符合中小微“双创”企业需要的金融产品

中小微“双创”企业资金大多源于自筹、亲友借贷、风险投资等，自有资金规模小，同时又因缺乏抵押物、抗风险能力差，银行贷款融资难度相对较大。重庆市针对科技型企业轻资产、重创新的属性，通过建立科技型企业库，以知识产权、研发投入、人才团队、创新产品、创新服务等为主要指标，建立知识价值信用评价体系，自动生成信用等级和推荐授信额度，银行据此向

企业提供贷款，改变了传统金融机构以重资产、短期财务指标为依据的信用评价体系，探索出符合科技型企业需要的债权融资模式。为提高银行参与的积极性，重庆市专门建立政府、银行、科技型企业风险分担机制，市、区先期建立总规模3亿元代偿基金，为知识价值信用额度范围内本金损失部分的80%实行担保，合作银行承担本金损失的20%和贷款利息损失。目前，试点已在全市7个区县推广，风险补偿基金由3亿元增加至11亿元，入库企业增加至2000余家，申请知识价值信用贷款企业746家，总金额10.2亿元。截至2018年7月底，已通过合作银行为338家科技型企业发放贷款9.5亿元，其中知识价值信用贷款4.6亿元，102家科技型企业首次获得贷款支持。

二、建立转贷应急机制和应急平台，破解中小微“双创”企业资金周转难题

按照现行银行业规则，企业贷款到期时，需要先向银行还清贷款，才能申办新的贷款。事实上，多数创新创业者早期资金实力弱，资金链偏紧，常常会出现拿不出钱偿还贷款现象，最后只好求助于小贷和担保公司，融资成本很高。为助力中小微“双创”企业发展，2016年，重庆市财政局、中小企业局分别与一些银行签订合作协议，整合中小微企业、金融、民营经济等专项扶持资金5亿元，建立中小微企业转贷应急机制和转贷应急管理平台，帮助符合条件的中小微“双创”企业渡过借新还旧难关。企业通过转贷平台自行申请，合作银行通过对企业审核，确认是否予以续贷和使用转贷资金。使用转贷资金时间为3个工作日，最长不超过5个工作日，并根据时间长短收取差别化的资金使用费。2017年，重庆市将企业申请单笔使用额度由2000万元提高至3000

万元，并将500万元以内借款主体为中小微企业法定代表人或者股东的个人经营性贷款纳入支持范围，既防止了企业资金链断裂，又降低了银行抽贷、缩贷概率。调研中有位小微企业负责人谈到，当他想通过民间渠道解决600万元过桥资金焦头烂额时，银行告诉他可以通过中小微企业转贷应急机制获得融资，他立即递交申请，3天后就顺利从银行拿到480万元贷款，续贷资金每天利息只有0.2‰，融资成本缩减近15倍。

三、以政府帮扶降低银行风险成本，增强为中小微“双创”企业放贷的意愿

调研中几位创业者谈到，由于中小微“双创”企业多数资产规模较小、投资周期较长，银行出于控制风险考虑，“惜贷”现象较为普遍。重庆市充分发挥政府资金引导作用，通过搭建桥梁、分担风险，增强了银行为中小微“双创”企业放贷的意愿。一是推动“银税”合作。市税务部门联合银保监局、商业银行等，搭建线上“税银互动服务平台”，将企业纳税信用结果与金融信贷挂钩，激活纳税人诚信档案，实现涉税数据的增值服务。目前，重庆税务已与14家银行签署“银税互动”服务合作协议。截至2018年7月底，各家银行共计推出云税贷、税务贷等14个产品，累计申请笔数20953笔，惠及企业11355户，其中小微企业9200户；贷款总额77亿元，其中小微企业69.9亿元。二是推动“政银”合作。比如，两江新区投入10亿元，设立“两江科技创新专项资金”，对科技企业贷款担保代偿本金40%。重庆一家银行与该专项资金合作开发“科技助保贷”，按照不超过专项资金10倍比例向科技型企业贷款，2018年上半年，共计对10户科技型企业发放“科技助保贷”0.34亿元，6月末贷款余额0.82亿元，涉及企

业23户。三是实施创业担保贷款贴息。重庆市对全市14个国家级贫困县个人创业担保贷款实行全额贴息，其他地区前三年分别按全额、2/3和1/3贴息，小微企业创业担保贷款按基准利率的50%贴息。2018年上半年，共发放15亿元创业担保贷款，扶持约1.2万人创业，带动约15.7万人就业，节约融资成本约1.8亿元。

四、建立全周期投融资体系，满足中小微“双创”企业不同阶段资金需求

中小微“双创”企业在萌芽、初创、成长和壮大不同阶段，需要不同的融资方式。重庆市坚持政府引导与吸引社会资本相结合，建立全周期投融资体系，形成各类金融工具协同融合的金融生态，既促进企业早期生根发芽，又保障后期健康成长。一是做实种子引导基金。截至2018年6月末，全市已累计组建种子基金38支，总规模6.9亿元，累计支持项目460个，撬动43家企业实现后续融资3.5亿元。二是做强天使引导基金。累计组建27支创投基金，规模为161.8亿元，投资项目108个，带动社会资本投资69.4亿元。三是做优风险投资引导基金。累计组建基金7支，规模37.2亿元，支持项目26个。聚焦生物医药和军民融合两大“风口”，组建生物医药基金4支，规模32亿元，军民融合基金2支，规模4.85亿元。四是做大产业引导基金。推动设立200亿元政府产业引导基金、800亿元战略性新兴产业基金、1000亿元中新互联互通基金。截至2018年6月底，市产业引导基金累计发起设立专项基金26支，总规模258.2亿元，投资项目174个，带动社会资本跟进投资127.5亿元。市战略性新兴产业基金累计投资13个项目，投资251亿元，带动总投资约1200亿元。五是支持企业扩大直接融资规模。重庆市对纳为重点培育企业范围的科技企业上市、新三板挂牌分别给予

200万元、100万元奖励，2014年以来已评定100余家企业，给予奖励近亿元，其中科技企业占比超过一半。

五、提升科技金融服务能力，夯实中小微“双创”企业融资的基础支撑

中小微“双创”企业成长过程中，不仅盈利能力波动大、信用体系不健全，而且量大面广、资金需求规模差异大，对金融机构提供精准服务带来更大挑战。重庆市通过政府与银行等金融机构结合，有效增强了金融机构的服务能力和效率。一是打造统一的公共信用信息平台。通过搭建信用信息平台完善征信系统，建立信用信息数据库。截至2018年6月末，共征集63个市级部门、所有区县等7383万条企业信用信息，为科创企业融资服务提供了基础信息资源。同时，扩大人民银行征信系统覆盖面，引导和支持地方性小额贷款公司、融资性担保公司接入人民银行征信系统。已累计接入征信系统机构234家，其中，小贷公司82家，融资性担保公司48家。二是完善银行科技金融服务体制。重庆市鼓励各大银行建立完善科技金融服务体系，各大银行已在全市建立19个科技金融专营分（支）行、2个科技创新金融服务中心、1个科技金融服务平台、20个科技金融专门服务团队。7家银行出台了专门的科技金融发展战略。同时，鼓励各大银行建立专业评审体系，完善《科技创新业务授信准入标准》和授信尽职免责机制，通过建立绿色通道、授权专营机构全流程管理等方式，提高贷款审批效率。三是健全“市级科技金融服务中心+区域分中心+工作站”的网络体系。依托科技金融服务联盟及区域科技金融服务中心，聚集金融机构202家，金融产品416款，设立工作站39个，服务人员200余人，累计服务企业3193家，融资65.6亿元。建设运营线上服

务平台，注册企业2609家、服务机构226家、推荐银行信贷产品46款，累计收集2394家科技企业融资需求、需求金额129.6亿元。搭建线下项目展示与融资对接平台，2017年共开展创新创业大赛、路演沙龙、培训讲堂活动近60场。

打造“世界创新之都”的深圳实践

——“双创”专题调研报告之十八

刘应杰

改革开放40年来，深圳从一个靠近香港的小县城，经历“三来一补、两头在外”的加工贸易，逐步转变为“中国硅谷”“世界创新之都”，实现了“凤凰涅槃”。为什么深圳能够创造创新发展的奇迹，实现经济转型升级？经过几天在深圳的调研，我们深深感受到，一个创新城市的崛起，除了内外因素风云际会之外，从根本上说在于深圳营造良好的创新创业生态环境，打造创新创业要素聚集的新高地，从而引爆了一场创新革命。

一、深圳创新发展走在中国和世界前列

近年来，深圳的创新发展引起全世界的瞩目。德国总理默克尔、法国总理菲利普等外国政要来访中国，第一站都是到深圳参观，许多人感叹深圳发展所创造的经济奇迹。穿行在横跨东西的深南大道，可以看到世界级的超高层大厦林立，眼前展现的是一座充满创新活力的国际化现代化大都市正在腾飞的气势。

深圳市在发展中显示出雄厚的经济实力。2017年深圳经济增长8.8%，总量达到22438亿元，折合3323亿美元，位居上海、北京之后排在全国城市第三位，超过新加坡，与我国香港地区不相上下。按常住人口计算，人均GDP达到2.71万美元，位居全国城市前列，早已超过我国台湾地区。其财政收入超过了新加坡，也超过了我国香港、台湾地区，可见实力不凡。在全国投资增速普遍下行的情况下，深圳2017年全社会固定资产投资超过5100亿元，增长23.8%，创1994年以来新高，其中工业投资增长27.5%，企业技术改造投资增长71.9%，可见其后劲很足。

深圳的创新发展不仅走在了全国的前列，也走在了世界的前列，突出表现在：

一大批世界知名创新企业蓬勃兴起。一提起深圳，人们想到的就是许多创新企业。华为、腾讯、中兴、比亚迪、大疆等成为行业翘楚。我们到企业调研，发现华为、腾讯在原有主业的基础上，都在运用互联网、物联网、大数据和人工智能，致力发展智慧城市管理、智能物流、智能交通、智能医疗、智能教育等新产业；比亚迪在电动汽车的基础上，大力发展“云轨”“云巴”等城市自动轨道交通。在深圳这片点石成金的土地上，汇聚了350多家上市公司，市值超过10万亿元；科技型企业超过3万家，其中国家级高新技术企业有1万多家。深圳的企业密度和产值规模已不亚于美国硅谷。深圳成为全球大型高科技公司、新兴初创企业的聚焦地，从一个“世界工厂”转变为“世界创新之都”。

高科技新兴产业成为经济发展的新引擎。2017年，新一代信息技术、高端装备制造、生物医药、新能源、新材料、文化创意、海洋经济等战略性新兴产业实现增加值9183亿元，对GDP增长的贡献率达到45%；高技术制造业实现增加值5302亿元，占规模以上工业增加值比重达到66%。特别是信息技术、智能制造、数字经济等快速发展，形成新的产业集群。深圳已经跃升为世界上主要的高科技设计和制造业中心，新动能撑起了经济发展的新天地。

科技研发投入达到世界领先水平。2017年，全社会研发投入超过900亿元，占GDP比重提升到4.13%，接近世界第一以色列4.25%和第二韩国4.23%的水平。深圳一个城市的国际专利申请量就突破2万件，分别超过德国和韩国。

总体上看，深圳在创新发展中实现了经济的转型升级，集中表现在结构转换、动力转换和发展方式转换，经济增长由要素驱动、投资驱动向创新驱动转变，科技创新起到了越来越重要的支撑作用，新技术、新产业等蓬勃兴起提供了经济发展的强大新动能。

二、深圳为什么能够成为“世界创新之都”

英国《经济学人》杂志把中国深圳与美国硅谷相比较，称深圳为“世界创新之都”，并起了一个新的名字叫“硅洲”（Silicon Delta）。也有人说，深圳是企业家和创业者的天堂。深圳之所以能够在创新发展中独领风骚，总结起来主要在以下几个方面：

第一，着力营造市场化创新环境。一个地方经济发展的好坏，最根本的是市场营商环境。一个地方创新的吸引力、凝聚力、动力和活力，最根本的是市场化的创新环境。说到底，就是处理好政府与市场的关系，哪些是政府应该干的，哪些是市场和企业应该干的，需要弄清楚搞明白。调研中人们普遍反映，要创业创新就要来深圳，一大批创业创新人才、企业之所以愿意选择深圳，正是因为这里拥有得天独厚的创业创新生态环境。政府不仅不干预企业的生产经营活动，而且为企业的开办经营提供一切可能的便利条件，为企业提供尽量满意的全方位服务，创造企业公平竞争的市场环境。政府的职责就是做好规划引导、制定政策措施、加强市场监管、提供良好服务。对比其他地方在这些方面的差距，许多在深圳发展的创业创新人士更深刻地感受到这一点。有的企业家说："我在全国跑了不少地方，感觉还是深圳的创业创新环境好。"一位专家说："深圳是一个移民城市，具有广泛的包容性，许多人怀揣创业梦和淘金梦来到深圳，深圳文化中播撒下创新基因。"深圳市2018年初进一步加大营商环境改革力度，出台了20项重要措施，涉及投资贸易便利化、降低企业经营成本、解决融资难融资贵、吸引国内外人才、加强产权保护、优化政务服务等多方面内容。

第二，充分发挥创新战略规划的引领作用。深圳市提出建设现代化国际化创新城市和全球创新之都的目标，出台建设国际科技、产业创新中心总体方案，推动实施创新"十大行动计划"。在此基础上，规划布局创新产业体系，打造以自主创新为特征的新兴产业基地，重点发展新一代人工智能、第三代半导体和集成电路、5G通信、大数据、智能制造、基因工程、石墨烯等先导型产业，培育壮大数字经济、平台经济、共享经济。并且加强关键核心技术攻关和应用基础研究，提升原始创新能力，以此实现创新加力和接续发展。

第三，精心打造全方位创新服务体系。在深圳，企业是创新的主体，概括起来有"6个90%"：90%的研发人员在企业，90%的研发机构建在企业，90%的研发投入来源于企业，90%的专利产生于企业，90%以上的重大科技项目发明专利诞生在企业，90%的创新型企业是本土企业。政府为企业创新提供全方位的支持服务，不仅打造了科技公司云集的高新科技园，也形成了与世界500强企业对接的深圳湾超级总部基地。在吸引国内外创新人才方面，实施“孔雀计划”、国际大科技计划，支持国际科技合作项目、深港科技合作项目，建设海外新创中心等。苹果、高通、微软、英特尔、三星等一批国际科技巨头研发中心相继落户深圳。深圳积极推动“大众创业、万众创新”，建设了一些知名的众创空间、创客工厂和创客服务平台。我们前往深圳湾创业广场调研，在这里为创业者提供包括办公租房、招聘人才、产品试验、企业开办、投资信贷等“一条龙”服务，并延伸到创业培训、开业指导、政策咨询、项目评估等多功能、一体化和专业化服务。越来越多的年轻工程师活跃于初创企业，深圳由此成为全球大型高科技公司、新兴初创企业和独立创新者的聚集地。

第四，建立完善的创新产业配套体系。深圳创新的一个巨大优势，就是形成了完善的创新产业链和配套服务。曾经有一个美国人的“惊天大发现”，解释中国制造的产品为什么具有强大的国际竞争力，他原来以为主要在于中国劳动力成本低，加上大量仿造和政府补贴，后来的发现颠覆了他的看法，这里有世界其他地方不具备的非常完善的产业配套体系。深圳是中国制造的典型代表，尤其是信息产业配套的完整性和国际化世所罕见。正因为如此，国内外许多研发和创新企业喜欢迁来深圳。

第五，健全创新创业金融支撑体系。创业创新最需要资金支持。深圳着力构建“基础研究+技术创新+产业转化+金融支持”的全链条创新体系，推动形成创新、创业、创客、创投“四创”联动的新格局。在深圳，不是创新人才和项目在找钱，而是反过来钱在找创新人才和项目，不怕你没有钱，就怕你没有好项目。深圳建立起由各种创新投资平台构成的发达的融资体系，政府设立的创新引导基金总额超过1600亿元，一大批创业投资、风险投资、天使投资等投资机构竞相发展，注册资本超过3万亿元。特别是为中小科技企业提供包括债权和股权融资、信用评级、担保等完善的融资服务，形成支持创业创新的肥沃土壤。

我们在调研中感到，深圳在创新发展中的一些做法和积累的经验非常宝贵，值得全国其他地方借鉴。当然，深圳市也提出他们在创新发展中仍然面临巨大挑战，特别是与发达国家相比还存在不小差距，缺乏世界一流的高水平大学和科研机构，高端装备、集成电路芯片等关键核心技术受制于人，科研领军人才和高技能人才不足等等，这些都是亟待解决的问题。也有的同志提出，要更好地实现创新发展，还需要解决金融脱实向虚的问题，特别是有效调控房地产市场发展，不能让大量资金都注入房地产领域，而要真正让创新成为最有吸引力的行业和产业，包括吸引资金和人才，这样才能使创新发展行稳致远。